EL NOMBRE DE LOS BUEYES

EUGENIO MARCOS OTERUELO

Corrección: Eladia Guerrero
Diseño de cubierta: Aliar Ediciones
Maquetación: Aliar Ediciones

Depósito Legal: GR 533-2025
ISBN: 979-13-87590-92-5

Impreso en España

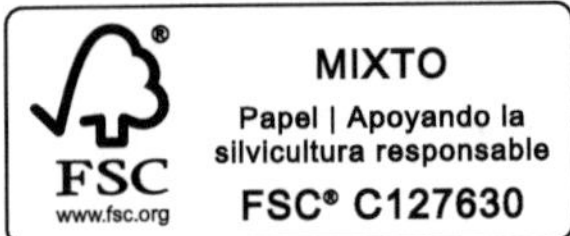

Edita
ALIAR Ediciones
www.aliarediciones.es
info@aliarediciones.es

EL NOMBRE DE LOS BUEYES

EUGENIO MARCOS OTERUELO

A mi familia,
tierra firme.

A Rosalía, Vanesa y Edu,
en el viaje.

PRÓLOGO

Memoria y vida

En este libro de Marcos Oteruelo, recopilación de toda una trayectoria vital dedicada a la poesía, se escuchan latidos de quien funde Memoria y Vida. Sus versos se enraizaron con él desde su nacencia en la Cabrera Alta, a los pies del Teleno, monte mítico y tutelar: de su cumbre bajan la mirada en lejanía que antecede a la palabra, junto a las veladuras promesa-silencio de la nieve con las que se pronuncia el cielo; en sus faldas se extiende la resiliencia con la que calla la Tierra.

La familia de Eugenio —con sus padres entregados a la agricultura y a la ganadería— sería la de once hermanos que sufren la paradoja, junto al hambre, de tener que dejar la labranza para labrarse un porvenir. Él tuvo que alejarse de su casa entre aprendizaje, trabajo y enseñanza. Pero siempre regresando, entre Pedagogía y Amor, diciéndole a quien con él va: «vístete de soñador» y «Volverás a por agua a las fuentes de la infancia»; diciéndose a sí mismo: «Siempre quise / ser blanco por dentro, / y acariciar el prodigio de mi lejana niñez / pero tengo que hablar de la nebulosa de los días / en los que despertaba al calor de los bueyes».

Desde lo rural brota la poesía-laboreo de Eugenio Marcos Oteruelo, la que alberga en la mansedumbre de sus rutas-surcos, en «la soledad que a veces no sangra, / pero es presagio de amaneceres en vela» en los que se unen Madre, Padre e Hijo: la madre, en la que se confía: «De ti me llegaba / mucha lluvia, / mucha luz, / muchas costuras de sangre con las que estañar cicatrices»; el padre, al que se admira e imagina «sobre la huella del arado, esperando la lluvia»; y el hijo, al que se le confiesa: «Cuando la luz falte, te veré con los ojos abiertos, / y siempre sabré / que eres tú quien me espera».

Estos poemas son testimonio de horas en las que «Fue temprana la leyenda del dolor», «como la lírica de un lugar de zarzas y chopos quebrados», con la literatura como devoción, con «Libros apilados en viejas estanterías / con signos y palabras / para darle nombre a las cosas», con «Bécquer, / Machado o García Lorca», como «faros de luz / en el viaje de la palabra», en el que germina el pasado sin rencor ni remordimiento, ya que «¡No hay venganza más allá de la memoria / ni amargura por haberlo vivido!». Porque «todo el valor de un hombre consiste en evitar / las hogueras de la ira».

En *El nombre de los bueyes* ves esculpido un espacio poético sobre ruinas y despoblación, reflexión dual de la errancia campo-ciudad, «paraíso inconfundible de piedra y pizarra, / con olor a humo de viejas chimeneas de leña», «Aquel ruido constante sobre agujas de hierro en tranvías de Madrid», y percibes una inspiración poética en la que cuesta «asumir resignado el silencio de las fuentes / que han dejado de manar / como si todos los labios llamaran a la sed», esos «Caminos del monte» en los que «Nada es igual sin la voz del pastor, / nada, nada es igual, / solo el trueno y la noche sobreviven». Y es que palpar la evocación-pasaje, volver a descifrar los signos y símbolos del paisaje, acaso sea solución-defensa a la tiranía actual de la sociedad deshumanizada en la que «*¡Nadie sabe en* *qué piedra de la noche nació el dolor!*», «cuando los pájaros ya no cantan para nadie».

«Para hacer poesía se necesita una vida», dice Joan Margarit. Y no nos queda otro remedio a los humanos, ante la desalmada «vida» con la que nos deshabitamos-virtualizamos, con la que borramos nuestra relación con la biósfera, que volver a releer la existencia, la historia, a través de la fusión de espíritu y naturaleza, en la que las artes y las ciencias siempre serán siembra, y también denuncia, sobre el mismo horizonte suelo-cielo, gozando con recrearlos.

A esa relectura de la existencia, asumiendo que «Escribir de la vida [...] / es como volver a cruzar la península de las voces a lomos de un potrillo desbocado», se ha entregado Marcos Oteruelo. Y ya que todo le habla con el lenguaje de la naturaleza y ha dejado sus versos por todos los sitios, no duda en saltar del ayer al ahora, y con la mirada a su tierra dolida grita ante la catástrofe de la Dana: «¡Cómo de grande ha de ser un abrazo!». «Déjame, vecino, tus hombros / sobre los que pueda llorar», y clama ante las guerras, el desarraigo y el desabrigo: «Hay un temblor de sangre inocente / extendida entre muñecas rotas», y se lamenta de que «Nadie conoce el idioma / para definir la intemperie del exiliado», y ruega «Que exista un territorio para celebrar la misericordia / de los que se sienten mendigos de la luz».

Desde esa relectura-compromiso, evocación de aquellos a quienes se admira o ama, que es principio de creación y designio, Eugenio anuncia: «No queda ya vino en las hojas de otoño / ni una luna llena que me lleve a otros mares» y «Soy ave y regreso / a ese vuelo final / donde me espera / un palmo de tierra serena / y una nota de música sacra / como canto final», y nos convoca a apreciar «el vuelo de las manos / al empuñar un exhausto arado / con el que abrir el surco anónimo de la tierra».

Sí, en la contemplación de los surcos con los que aramos la vida deberíamos reflejar y volver a uncir nuestra existencia con permanencia, conocimiento y sabiduría ancestrales, buscando un discurrir arraigado y edificado entre huellas y horizontes, uniendo en ellos imagen y pensamiento con el fondo de esforzarse y la consciencia de darse, entre la fuerza y la docilidad: entre Titán y Manso, que son *El nombre de los bueyes*.

Luis P. Carnicero

EL NOMBRE DE LOS BUEYES

A LO LARGO DE LA VIDA

[...] el tiempo es un caballo que llora
como una máquina sentimental.
FRANCISCO UMBRAL

La verdad ha sido siempre un resplandor en los confines,
así es como aprendí a distinguir
los días blancos de los negros.
Si el tiempo fuera un verso, escribiría
sobre las tazas del amor que aún siguen
en la mesa de los recuerdos:
como las despedidas de la madre
para ingresar en el colegio de pobres,
la dulzura en las alacenas de sus ojos de campesina
y mi padre perseverando
en el cansancio de la labranza
con los bueyes rojos de Vidriales, Titán y Manso.
Él, que siempre me dejaba letras de consuelo
sembradas en el fondo del surco baldío.
En el fondo de los surcos había llaves oxidadas
para abrir el corazón de nuestros antepasados.
Si el tiempo fuera un verso, podría escribir
sobre la ceremonia del reencuentro
con mis hermanos y hermanas al regreso de vacaciones,
alguno de ellos pastoreaba el ganado mientras yo traducía
La guerra de las Galias del latín al castellano.
Escribir de las esquinas ardidas de nostalgia
por los amigos que ya no están.

Es la voz de mis orígenes cuyo eco se desploma
laderas abajo del mítico monte Teleno.
En algún lugar del ser humano hay un brasero de lumbre
con sueños hilvanados de tarde en tarde,
de noche en noche,
imagino que es la muerte con su rostro de barro
caminando por los viejos raíles de mi costado,
imagino que es el cielo donde viven todos los muertos
que han abandonado la luz.
Si el tiempo fuera un verso,
si el tiempo fuera un verso.

A VER EL MAR

Algún día me llevarás a ver el mar
y pintaré con mis pies un vendedor de cometas
sobre la arena quieta de la orilla
para que despierte como un sueño luminoso
el cuerpo de todos los ahogados en la noche.
                                        Es la pérdida
de todas las cosas que amé.
Te pediré que nunca destruyas los sueños
que decoraron la madera de nuestro mundo
con los juncos valientes del corazón.
Te pediré que me hables del vacío que dejan los cuerpos
                                                                enterrados sin amor.
¡Qué tristeza los que despiden otra carne sin amor,
qué tristeza!
Te pediré que escribamos, ¡oh vida mía!, de las flores nacidas
en el caudaloso misterio de la niñez,
porque ahora
lo único que le queda a este poeta tardío
es apretar con las manos el eco que deja la nostalgia
antes de anochecer.
Algún día me llevarás a ver el mar
y ya será tarde
porque se habrá ido la belleza de la luz.

ABIERTO AL PASADO

No te dejes vencer por el desaliento.
WALT WHITMAN

Estoy convencido de que si no escribo
me muero, para eso escribo,
para saber de los inicios que nos marcaron para siempre,
para saber de vosotras, almas de un mismo río,
cáliz blanco
donde nunca se hospedó el rencor.
Hemos cruzado tantas puertas uncidos al yugo de la precariedad,
y hemos recogido las flores del agua
como alivio a la sed no aprendida.
¡Ay!, que nuestro caminar de nómadas
se escribe en la piedra plantada
a orillas del sol y la tristeza.
Ya están todas las sombras en su sitio,
el lugar donde los recuerdos guardan lo más granado de cada día,
la cesta de los sueños,
las brasas de la calma.
Somos cuerpos nuevos con latidos viejos,
fermento de luz aquietada en la humilde indumentaria
de nuestros antepasados,
como dejarse caer en el pecho de un viento errante
que nos empuja a las profundas alamedas
de lo imposible.
Quiero volver a ser aquel niño que un día se encadenó desnudo
al tallo incierto de la palabra.

Quiero escuchar el rumor de un beso al alba,
un beso de madre
en plena reconciliación con la luz
y que no existan valles de silencio ni olvido
para todo lo que amé en cada instante.

ACASO LA LLUVIA IMPOSIBLE

Callada sinfonía de mis pulsos.
ÁNGELA FIGUERA AYMERICH

Ya solo me quedan palabras vestidas de negro.
Es la nube en penumbra
que lleva el silencio frío a los techos del alma.
Es el alba
describiendo la ternura del rocío en otoño.
                    Insaciable luz.
Me pliego al caos mineral que dibuja el desencanto.
                    Demasiado tarde…
Después de tantas sílabas mal encordeladas,
de tanto buscar la claridad desde el origen,
lo que realmente se esconde en mi cuerpo
son las brasas de una ruinosa existencia.
¿Cuándo va a llegar a los labios
el grito mudo que avale la extensión de tanto silencio?

Ya solo me quedan palabras vestidas de negro,
las que aporta mi frágil memoria
como un dolor subterráneo,
la experiencia noble del frío a galope tendido
porque la vida es una suerte de flor envenenada
y porque del sol abajo la carne arde en tiempo de sombras,
por eso he sabido que las uvas de mi parral
nunca maduraban en galerías dóciles.
De qué sirve un destello luminoso entre las ramas del bosque,
casi secas las ramas

casi seco ya el bosque.
Sé que el tallo enfermo se pudre
          a cada paso y a cada jueves
en la belleza impropia de una gota de sangre.

Ahora que los juncos de la memoria han envejecido
y las campanas
dibujan su retórica de lluvia en el aire
quiero extraer lo más puro de mi voz almidonada,
aquello que cada noche besaba como la ganancia de un viaje
a ninguna parte,
y, pues así, me pregunto:
¿cuánta muerte vi en los hombres que eran otros
en la verdad que era otra
en la certeza de no ser nada?
No sé si alguna vez sentí la necesidad de prender fuego a la vida
porque no quería ver el mundo
ni escuchar sermones en iglesias antiguas.
Aquel ruido constante sobre agujas de hierro en tranvías de Madrid
llenaba mi pensamiento de inquietud y nostalgia.
¿En qué viento se estaba fraguando la crónica de una vida,
alimentar el sueño de llenar un teatro como actor
o ser escritor de libros en sedienta bohemia?
¿Cómo había de vaciarse de luz el corazón
para hacer singular una causa vital al borde del precipicio?
Aún nadie ha pedido escribir el epílogo de mi andadura
más allá de los blancos neveros a la Ítaca prometida,
quizás pueda hacerlo yo mismo en este poema
sin necesidad de que mis penas caigan en vuestras manos.

Mi plan será cambiar con determinación el festín de derrotas
por una sonrisa en el aire.
Pensando el verso de Raquel Lanseros:
«siempre quise una muerte a la altura de la vida»;
yo os pido para mi ausencia una fiesta sencilla,
y que uséis las letras de mi nombre
para dejarme en silencio al atardecer,
el silencio que hable de amor y verdad.

AGUA Y TIERRA

La muerte está cantando junto al río.
ALEJANDRA PIZARNIK

Cuando las campanas anuncien el sol de poniente,
que nadie preste su sangre para mitigar
mis horas de espera.
Dejen caer mi cuerpo inerte,
en un palmo de tierra serena.
Soy agua y no tierra.
Soy ave y regreso
a ese vuelo final
donde me espera
un palmo de tierra serena
y una nota de música sacra
como canto final.

AL FINAL DEL CAMINO

(Destino Pozos)

Miro estas casas
cercadas por el silencio eterno de sus puertas envejecidas,
yo las vi con ojos de niño antes de transformarse la vida,
vi el oro de la belleza en la serenidad de sus tejados de losa.
Miro estas casas y en el umbral de tanta tristeza
veo la luz radiante de quienes un día las habitaron,
luz que, lentamente, se apaga como una vela olvidada en la noche.
Miro estas casas y digo con Pablo Neruda:
«pero esta vez yo quiero decirte
cuánto amamos tu corazón de piedra».

El óxido de sus cerraduras se pega a mis labios
como un idioma dormido en el tiempo,
ese paraíso inconfundible de piedra y pizarra,
con olor a humo de viejas chimeneas de leña
abrazadas a la memoria.
¡Oh!, cuánto amor antiguo siento fluir
desde las cristalinas aguas de un río
que discurre entre abedules cantando belleza y humildad.
Sí,
son los huertos luminosos de mis años de infancia,
en el pecho y en el alma,
es la nieve roja de un monte en llamas,
el recuerdo de largos y crudos inviernos
abrochados a este ciego galopar de nostalgia.

Miro estas casas,
proyecto de vida para un mundo soñado,
y las veo como un pozo lleno de ternura.
Miro las casas, las miro y las amo,
por eso
escribo poemas,
hechos de pan y de lluvia.

AL MAR NO LE DIGAS NADA

Quiero llegar al mar con la fuerza de Kratos,
soplar el viento y surfear sobre el cristal de las olas,
esas olas que pasan mimando los golpes
para no dañar el cuerpo frágil de quienes huyen de la noche,
los que llegan de un mundo arenoso y sediento,
los que arriban del sur olvidado,
sin chopos ni praderas,
sin moras ni setas,
en busca de una tierra donde sembrar pan y esperanza.
Quiero llegar al mar
con los ojos abiertos,
aprender la belleza de una lágrima que arde a la deriva en el fondo,
aprender las palabras que viajan en el agua
pidiendo un centavo de misericordia
y que las gaviotas entonen para mí
la última sonata de Schubert.

Yo lo veo como un llanto al amanecer en las flores de catalpa.
Yo lo veo como un millón de años varados en la balsa negra de la memoria.
Al mar no le digas nada,
no es culpable da las promesas que nunca pisarán tierra,
la metáfora del agua llevando la sed a un océano que tiembla,
el balanceo de las tablas de surf al chocar con la luz de la luna ensangrentada.
Quiero llegar al mar
con la velocidad de Aquiles
para estar a tiempo de encender una llama de esperanza
alrededor de este poema escrito en el agua.
¡Al mar no le digas nada!

AMA, POEMA

La soledad de tu nombre dulcifica
                                        mi propia soledad,
el paso lento
                    de un fuego místico.
Seguramente me arrancaste de la materia
donde aúllan al unísono la voz y la palabra,
                                                            el río y el olvido.
A veces, pienso:
                          he amado mal,
pero he amado
y tú
eras el centro de todo:
la voz en la fuente,
el sonido divino,
la nieve en los ojos,
la brevedad del tiempo en los páramos
del infortunio.
Ama, poema.

AMANECE

El que sale vencido de su casa
y lo arrastra la gente en su murmullo
y transcurre vacío por la calle.
JUAN CARLOS MESTRE

Amanece
y la imprecisa luz del alba golpea levemente
el cristal de mis ojos.
Con un paño de rabia
desbrozo la fatiga de los sueños imposibles
y llego al viejo campamento de los cuerpos,
esa orilla pensada a Ítaca
cuando abrimos la puerta a los hijos del agua.
En mi Pioneer suena la trompeta de Louis Armstrong
y me lleva a ese mundo
donde la maldad se presiente abolida.
Ordeno las cosas, me aseo, me plancho las ideas
y bajo a la calle
escenario de piedra dormida
donde solo madrugan las heridas
y el miedo a la tormenta.
Hay gorriones muertos en el asfalto,
rostros con aspecto de humanos encastrados en máscaras de acero,
hay una sospecha de que mis pasos provoquen intrusismo
en la geometría de todos los ojos
que me miran con benevolencia
y, al mismo tiempo,
sellan nuestro encuentro con un silencio sepulcral.

Son los miedos,
son los clavos que decoran el suelo,
vienen del norte para llegar al sur de la soledad,
y cada sombra es una isla de tristeza en el cercado.
Caminamos ausentes tirando de la vida
como tiran del carro los bueyes
cansados hacia el establo.
Me gustaría plantar un olivo de esperanza en cada frente
pero es yerma la carne
y yo no soy lluvia.
Amanece, amanece lentamente.

AMELIE

(A Mónica Vidal Turienzo)

Los amigos se establecen por afinidades humanas.
GABRIEL GARCÍA MÁRQUEZ

El tiempo puso cara de arboleda abatida
como si los libros de pasta negra que decoran
la pared literaria de Amelie
fueran el presagio de una sombra intimidatoria.
Una música triste anuncia la llegada del frío
a los invernaderos que duelen
y las sillas de colores entonan sones de luto.
Son las heridas abiertas en la costa sur de la vida,
son los patios sombríos bajo la nieve,
el modo agresivo de lo nunca imaginado.
¡Lloro por ti, Amelie!
Y añoro algo de mi vida:
aquella portada de FILANDÓN clavada en la pared
en la que aparezco recitando versos para el pueblo en Ágora de la Poesía.
Lloro por los cafés en los que nos sentíamos
cachorros de la vida,
amantes del sol y la luz,
y por todas las sonrisas llegadas de un surtidor amigo,
por los cuentos y figuraciones
que nos abrían los estanques del alma.
Allí, como en un abrevadero de ganado sediento de certezas,
nos nacían pájaros de vino entre los ojos
y éramos otra vez niños con *Leyendas de un beso*,

escritas y amenizadas por la escritora Asun Carracedo,
o nos creíamos dioses
con los entrañables diálogos del actor Jesús Vidal.
En el adiós,
dejamos ríos de esperanza colgados del párpado
para que otro mar nos acoja
                    en el azul de su vientre generoso.
¡Lloro por ti, Amelie!

AQUELLA TARDE

Amar es combatir si dos se besan.
OCTAVIO PAZ

En la casa gris de la memoria, arde
¡ay! morada y lenta
una chispa de metal.
Es el golpe de luz que me da plena conciencia de aquella tarde,
cuando en tus ojos contaba palomas de cristal.
¡No mires a otro lado!
Las manos,
estas manos secas, como dos vigas de acero,
entonces aún tiernas, encendían la sed
en el vino secreto de tus labios.
Sí, tus labios de una bellísima imperfección
con los que siempre quise soñar.
¡No pronuncies palabra!
Tus ojos,
sí, tus ojos,
como dos mariposas blancas que bailan
en los maizales de mi corazón.
¡Cuánta tierra abierta debajo de la piel!
No temas,
es el placer de amar la fruta verde,
como la sangre verde,
como la siega verde
en la pradera loca.

Es el placer de auparme al patio de luces
de tus párpados y presenciar una mirada impura,
humanamente impura.

AQUELLA TARDE, tus ojos fueron a mirarse
en las aguas de uno de los tres ríos de la villa,
y, ya con la ropa mojada,
olvidaste en los senos del viento
la arquitectura de un corazón reconciliado
en la transparencia del agua.
Yo guardo en mi pecho el vaho de la ausencia,
para lloverte en cada pálpito de respiración:
este llanto de voz calcinada,
la nostalgia lírica de haberte soñado
como una flor de mujer en mi solapa.
¡No mires a otro lado!
¡No pronuncies palabra!
Mírame a mí.
Habla de mí.

ARDE LA NIEVE

(A Amparo y Armando en su aniversario de boda)

Arde la nieve,
como arden los ojos del pastor
cuando nace un cordero.
Se dice que erais de piel suave
como espejos proyectados en el fondo del río,
pero la memoria es muy terca,
y ha incorporado en vuestros rostros
el significado de hermosas cicatrices.

Es la suma de tanto vivir.
Es la escritura del ascenso sagrado hasta la cumbre.
Bajo el gran árbol de la sangre,
la tierra se ofreció a la cosecha
entre las muchas pulsaciones del amor,
y desde el amor gritáis el nombre de todos
y de cada uno de ellos por igual
y dais posada con ternura,
al que alegre sonríe y al que besa llorando.
En este tiempo, se fueron otros a los que,
antes de partir,
es cierto que besasteis la mano,
también es cierto,
que al alba dorada del amor,
van madurando nuevos y sabrosos racimos
con la sensación de haber recalado
a las puertas de la viña mejor guardada.
¡Arde la nieve!

ASÍ SON MIS DÍAS

¿Qué horas que no te reduzcan
a la sombra que serás
cuando de noche estés
al fin del camino?
FERNANDO PESSOA

Como cantos rodados en el suelo cristalino de un río,
como el ruido suave de unas gotas de lluvia
                    sobre el alféizar de una ventana envejecida,
como el pájaro aterido que busca refugio entre las ramas
que sostienen para la eternidad el apenado y viejo sauce,
así son los días,
construidos en profunda discrepancia conmigo mismo.
Sin tiempo para tejer la hojarasca de seda enroscada a mis pies,
ni siquiera unas babuchas donde colocar un coágulo de luz.
Hay días como hoy,
                    sembrados de nostalgia,
que se perciben como hielo en las manos cansadas,
las manos cansadas de apagar tanto fuego
en el horno donde nada perdura.
Un gran mapa de cicatrices
certifica mi paso por la seca alameda de los sueños.
¡Ay! Si otro día llega
en el que la resistencia a la contemplación de lo efímero
no me impida ver la pureza del universo que me rodea,
ese día brindaré
para que mis pies sepan caminar por un mundo
donde no haya barrotes que impidan el paso
a pequeñas dosis de felicidad.

No ha sido fácil la travesía
desde un lenguaje de tierra
quemada
hasta ver apaciguado el vendaval de falsas premoniciones,
es por eso
que seguiremos esperando una llama de luz
que ilumine el final del camino.

AVELINO

Aún recuerdo aquella era humilde y encorvada
en terrenos pobres de nuestra Cabrera leonesa.
Tú y yo jugábamos a la niñez burlando la sombra
de las medas en círculo,
mientras los hombres corpulentos
con brazos corpulentos
con sudores corpulentos
doblegaban la paja de centeno
con la que se cubrían los silos de hierba seca,
al tiempo
en que el grano se liberaba
como ofrenda de pan
en el horno de barro de nuestros ancestros.
Luego te fuiste a los cuarteles
como docente de verdes promesas para la paz.
Ennoblecieron tus trajes de faena con merecidas condecoraciones
y nada cambió en la raíz ejemplar de un humilde pasado
aunque ya eras general de Estado Mayor
en los ejércitos de paz.
Solo un pequeño error en tan brillante trayectoria:
dejaste el sable a la intemperie
y una luna negra nos ha cortado el aire de las palabras
y nos hemos calado de tristeza
con el ruido de un inesperado vendaval
muy cerca del alma.

BLUES DE LA FÁBULA NEGRA

I

No sé adónde ir,
llevo marcadas
hondas cicatrices
en un cuerpo que duele.
El alma
sin calma
arde entre hilos
mal hilvanados
y no sé adónde ir.
Que vuelvan a mis brazos
las formas puras de los verdes montes,
los montes verdes
oliendo a tierra mojada.
Volver al plantío donde el chopo canta de pie
los rezos de la misa vespertina,
                                        sí, volveré a ese plantío.
Que vuelvan a mis ojos
las palabras de barro
con las que mi abuelo pintaba la pobreza
contándome la fábula negra
de las uvas amargas.

II

Cuando el sol deje de lucir
entrará el yunque del frío
desde las calles, sí, las calles
ensombrecidas líricamente
con la voz grave
que escupe la soledad.
Nunca me resistí a amar lo que mis ojos veían
ni me turbó el peso de la sed
sobre mis hombros cansados.

III

«Y ahora, extraviado por los montes
no sé adónde ir», dice el poema
de Antonio Colinas, el poeta culto.
Rompimos los mapas de aquí para allá
como exiliados de una causa inspirada
en los acordes tristes de la realidad,
perdimos el paso entre las moreras rojas
y, así, supimos
que no se puede ver con los ojos,
nunca con los ojos de ídolos falsos.

IV

Cuando yo me vaya
esparcirán mis huesos
en escenarios protegidos
y se escucharán las blasfemias,
blasfemias y más blasfemias
con las que los corifeos de lo absurdo
celebrarán el ritual de mi ausencia.
La devastación de la muerte es tan cruel
que los pájaros llorarán sobre los frutos poéticos.

V

Para qué acarrear tanta ternura
si las crines de los caballos en la llanura
se jactan de invertir la fuerza del viento.
Y ahora yo pienso que toda mi suerte
llegó acompañada de las primeras gotas de amor
con las que mis hermanos y hermanas sanaron
durante mi niñez
el dolor invisible
de la falta de luz en el camino,
de mi despegar sonámbulo.

VI

Y ahora no sé a dónde ir
porque al escribir estos versos
los cielos escupen toda la rabia sobre el país valenciano
y el dolor ciego se ha expandido como un gas mortífero
por esta tierra de plácidos amaneceres,
y se cuentan por cientos los cuerpos sin vida
y esto escribo
sin que se hayan enterrado a los muertos
y se cuentan por miles las casas destruidas
y el mar se va a llenar de las lágrimas
que llegan sudorosas
desde los párpados rotos
en hombres y mujeres,
en niños blancos y ancianos abandonados.
Beberán agua sucia los caballos en el arroyo turbio,
pájaros negros aletearán sobre el fango de falsos discursos
y el voluntariado será crisol eterno entre las palas de acero.
Y, ya ves, yo no sé adónde ir,
con el brocal del alma cubierto de sangre
porque quiero verlos de nuevo sonreír
y celebrar con ellos la epifanía de la luz.
¡Cómo de grande ha de ser un abrazo!
para que deje algo de belleza en los ojos,
cómo ha de ser un abrazo
entre tanta violencia escrita en el lomo
de perros abandonados a su suerte,
y los pájaros se exilian en el lugar del miedo y de la muerte.

Déjame, vecino, tus hombros
sobre los que pueda llorar,
déjame, vecino, tus hombros
para que, juntos,
volvamos a cantar.

A CAMINANTE

(Figura imprescindible en nuestros mundos de Ágora de la Poesía)

Del poeta nos quedan las sílabas del verso
y el humo de la ausencia.
Qué duro sentir cerca del pecho ese escándalo de amistad
con la pena posada en el poema.
Del poeta nos queda
la ceremonia del polvo recién ascendido
a los vientos de junio,
al infinito con alas.
Nunca aprenderemos a olvidar tu sintaxis estrambótica,
el desorden de las palabras armonizadas por ti
para dar cabida a un material lingüístico viejo y rocoso.
Con la modernidad se pierde la pasión de antiguas civilizaciones.
Se dice que tú ya no estás entre el fuego de los vivos,
que un diluvio de versos señala tu nueva casa
en el jardín de las letras,
en las montañas de Ítaca,
mientras nosotros seguimos
el frenético ritmo de vida que nos toca.
No dejes que el viento se lleve la esencia del bosque
donde plantaste verdes atardeceres con la palabra.
Todos somos caminantes reflejados en acuarelas distintas,
tú, en la cumbre del monte,
y nosotros,
en los oscuros valles de noviembre.

CAMINO

(A Miguel Delibes)

Muere un sabio de labios carnosos
y nos deja en el desván de la memoria
la riqueza de una palabra precisa y certera.
Fue él, un hombre llano de la tierra,
de cualquier parte del mundo,
sobre todo
de la tierra que amó.
Con Delibes se van los pájaros de su Castilla
orquestando plegarias en vuelo raso,
los espejos del agua en sus aromados ríos
y la naturaleza viva que él dio por andada y cantada.
Nos deja una herencia impagable:
la palabra,
como senda de luz,
en el renglón exacto,
en la gramática correcta y el verbo definido.

CAMINOS DEL MONTE

A Marisa Valbuena Rodríguez y Vicente García
Ruta de Pozos a Tabuyo
Noviembre 2017

No es fácil acostumbrarse
a ver quietos los montes,
sin que te bailen los ojos,
asumir resignado el silencio de las fuentes
que han dejado de manar
como si todos los labios llamaran a la sed.
Nada es igual sin la acción del pastor
silbando a la puerta del desfiladero
donde los rebaños pacen el verde del monte.
Nada es igual sin la voz del pastor,
nada, nada es igual,
solo el trueno y la noche sobreviven
a la soledad del viento en los juncales.
Así vive la memoria del sol los epigramas
encastrados en la arista de las rocas.
Tengo una sensación muy especial,
el que otros hayan vivido la felicidad
pisando lo más íntimo de la huella
de mis caminos de la niñez.
Misterio insondable de piedra inerte,
dioses censados en mis ojos de viento,
en mis días de precariedad.

Hoy, Marisa, Vicente y otros
me habéis invitado
a un vino de añoranzas.

CANTO A LA TIERRA

(Día de la Tierra)

Todo lo toma, todo lo carga
el lomo santo de la Tierra:
lo que camina, lo que duerme,
lo que retoza y lo que pena.
GABRIELA MISTRAL

Mis manos son la tierra.
Mis ojos son la tierra.
Nace en la tierra la hierba
y medra en la tierra el espino
y la flor y la ortiga y el saúco.
Pienso en los que araron la tierra,
dejando en el surco semillas de centeno
y en sus bordes la desazón y el cansancio.
Desde la tierra vuela el pájaro
que a la tierra canta y sobrevuela.
En la tierra el amor enterrado,
la tierra vivida y pensada.
En el Día de la Tierra
hago en la tierra mi nido
para un silencio casi eterno,
donde escribir mi epitafio,
que diga: «Amor al otro lado».

CASA VERDE

(Truchillas / Cabrera Alta)

No desperdicies lágrimas frescas / en dolores pasados.
EURÍPIDES

Que los pájaros no se han ido,
no se han ido lejos de aquellos cielos.
Como una torre vencida
en la transparencia del agua,
como un verde intenso de hermosura,
la épica de un pasado entre viejos tablones de madera,
así recogen mis nidos de la memoria las vibraciones
de un tiempo que nunca aprendimos a sufrir.
¡Qué difícil ha sido llorar tanta ausencia!
Yo no estuve junto al fuego que aquellos hombres
encendían cada mañana para avivar la esperanza,
pero sé cómo cicatrizan las heridas,
en un campo lleno de sol.
Sé que en el barro de las calles lavaban las penas del alma,
pues había ternura en sus labios y en sus ojos,
blanca y redonda ternura,
como el color de la nieve que almidona los tejados de losa.
Era aquella
y no otra
la vida de hombres y mujeres acarreando sudores
para posar en la era una espiga de centeno.
Siempre el gozo de un niño al pecho de la madre,
siempre un padre, sin prisa ni pausa,

por caminos de polvo
inventando un atajo para llegar a la mesa
antes que el hambre.

Como una casa dormida en el tiempo,
como un verde intenso de hermosura.

Nunca presencié aquella precaria liturgia
pero sé de viejos faroles colgados en la pared
que, como testigos de un mundo descolorido,
alumbran la nostalgia de los hijos cuando vuelven,
los que vuelven con flores
al viejo cementerio
los que vuelven y encienden una vela
al rostro que amaron.
Que los pájaros no se han ido,
no se han ido lejos de aquellos cielos.
El color de la piedra proporciona extensión de luz a la soledad
esperando con resignación de huérfano abandonado
el regresar de los buscadores de moras.
Desde el sagrado y profundo lago de truchillas
desciende una arenosa ventisca
que hace solemne la caída de la tarde.
Hermosa aquella tierra donde hay una casa verde
al amparo de otra lluvia.
¡Como una casa dormida en el tiempo,
como un verde intenso de hermosura!

CEMENTERIOS DE CARTÓN

(A la muerte de un mendigo en el centro de León)

Un día vi pasar la muerte.
No iba a caballo.
JUAN GELMAN

Cuando el sol se apresura a morir en un territorio de grises
y la noche cierra la puerta a los cementerios de cartón,
nada queda,
apenas la espalda solidaria de una sombra donde apoyar la tristeza final.
Él, solo ante la vida,
que apenas era ya vida,
que apenas era ya muerte.
Apenas le quedaba media mirada antes de nacer el alba.
Lejos, muy lejos
la soledad,
las líneas indefinidas de un paraíso que nunca existió,
las arrugas prematuras,
el desorden en la dieta del sueño,
el anillo de fuego en el que tropezó una y mil veces,
los zapatos prestados para llegar a ninguna parte.
¡Qué duro sobrevivir atrapado en la oscura cueva del desamor!
¡Nadie sabe en qué piedra de la noche nació el dolor!
Solo sucedió, dice el poeta, como una llama de fiebre
cabalgando hasta los últimos estertores,
en las últimas vestiduras.
Entre las manos un tablero de sueños poco antes de la madrugada.
Ya no hubo otra madrugada.

Nada existía cercano al momento de partir,
solo la inocencia de una noche sin preceptos
ardiendo en el último tramo de sus venas.
El mundo y la ciudad dormían ajenos a la tragedia
y la herida llegó a doblar la frágil curva del costado.
¡Qué poco importaba ya, si nunca pudo
domesticar los hilos sueltos del infortunio!
Solo ante la vida
que apenas era ya vida
que apenas era ya muerte.
¡Nadie sabe en qué piedra de la noche nació el dolor!

CIUDAD AGONIZANTE

No pasa nadie por estas rúas,
no pasa nadie.
Queda solo el grito silente de la piedra,
de la piedra nueva y la piedra vieja
con su eco y sus lamentaciones.
Queda la luna iluminando los cipreses
en el viejo cementerio de las afueras.
Quedan los códigos de la niebla al anochecer
dando cobijo a la desdicha de los que ya nada esperan
y cuando los pájaros ya no cantan para nadie.
Quedan las manos amarradas al ancla
de este viejo campamento romano a la deriva.
Son los sueños desvanecidos de un presente
sepultado en la indiferencia.
No pasa nadie,
que ya se han ido los vivos,
muertos, a vivir lejos de este nevero,
lejos de su tierra y de sus raíces.
Nadie pasa ya por estas rúas.
Nadie, nadie.

COLLIOURE

¡Quién pudiera quedarse aquí en la casita de algún pescador
y ver desde una ventana el mar, ya sin más preocupaciones
que trabajar en el arte.
ANTONIO MACHADO

Sobre flores de otoño
inmóviles y secas
reposan en Collioure las palabras del miedo.
A veces, arropo mi cuerpo con ellas,
y con ellas deshago el nudo corredizo
que atormenta mis largas horas de soledad,
a la espera
de que la epifanía del verbo me rescate.
En las guerras nunca nacen flores
ni blancas ni moradas y solo las palabras
pueden morir en cualquier parte, sin saber
dónde van a ser enterradas.
Entre flores de otoño, inmóviles y secas
reposan en Collioure las cenizas del verso.

CONFORMIDAD

Yo no soy lo que duele.
Yo no soy el que viste y desviste las albas negras
ni el que llama nostalgia al pasado.
Me sostengo adormecido en la templanza
y solo quiero
sorber y saciarme,
saciarme y sorber las palabras del canto
que algún pájaro dejó en mi ventana,
para crear una música
        de espigas en calma.
Solo quiero seguir empedrado entre palabras
colmadas de proximidad y de luz.
Yo no soy lo que duele.

CUANDO ÉRAMOS NIÑOS

Cuando éramos niños,
cuando solo niños éramos,
veíamos con ojos acampanados los cielos azules,
anudados a la cresta vanidosa de los montes
donde volaban las tortugas y los álamos
en nuestra imaginación encendida de sueños.
Apenas la mirada alcanzaba a rebelarse
contra la flor nacida en el ombligo de la noche,
apenas se intuía el beso de la brisa,
como un tambor de nieve sobre la mejilla.
Cuando éramos niños pisábamos los senderos
con la pretensión de ser reconocidos como
racimos de belleza en la espesura del bosque.
Cuando éramos niños desnudos de tristeza,
nuestras manos eran blancas y de pan tierno la mirada.
Cuando éramos niños
recogíamos grillos a la sombra de piedras arrugadas
y hacíamos un coro de barro para oírlos cantar.
Siempre había una semblanza de trazos inocentes
dibujando mariposas en los labios.
Cuando éramos niños,
éramos alegres en la pobreza
y bebíamos el agua fresca de la esperanza.
Cuando éramos niños,
cuando solo niños éramos
leíamos en el cuenco de la inocencia
que todos los hombres se amaban,

que había sol para todos
en una misma tierra,
que había pan para todos
en una misma mesa y nuestros ojos
se inundaban de belleza y armonía
sintiendo de la vida la ternura.

CUMPLE DAVID CASTRO CARRACEDO

Si el amor fuera blanco
se llamaría David.
Si el amor fuera abrazo
se llamaría David.
Si el amor fuera lumbre
ardería por David.
Si el amor tuviera ojos
nombrarían a David.
Si el amor fuera un verso
rimaría con David.
Si labios pronunciaran
versarían a David.
¡Cumple, David!
mientras las olas del viento
te lleven
en la mágica cuerda de los pájaros azules.

CUMPLE EDU

Alguien contempla el gozo y le da tu nombre.
En los calveros de octubre
se fueron abriendo
una a una
las espigas al alba.
Tu presencia era un regalo,
y la complicidad llegó
en las treinta y tres naves de otoño.
Desde tu vocación de niño
llegaste a las preguntas de la edad
y, en tan delgados surcos,
germinó la semilla del amor
donde se dio forma a un tiempo feliz,
como el fulgor del álamo al amanecer.
Para eternizar el amor
queremos que sigas llenando nuestras arcas
con azules de ternura.
Que nunca cambie el sentido de la lluvia.
Que nunca falte la luz en los corredores nocturnos.
Porque sentimos que tú eres el centro de todo:
soñar a tu lado,
mirarte a los ojos cada fiesta,
sentir que tus brazos nos sujetan
cuando las curvas del viaje se declinen peligrosas.
Alguien contempla el gozo y le da tu nombre.
Que nadie apague esta llama.
Que arda el amor a tu lado
siempre para siempre.

DE OTRO TIEMPO

No tengo ni una nube que me llueva por dentro.
ÁNGELA FIGUERA AYMERICH

Nacieron para abrir la tierra con batallas perdidas.
Es el eco lejano que llega de mis antepasados
el tallo de esparto con el que fabricaban sus alpargatas
y no podré cruzar el río sin verter una lágrima por ellos.
Yo vi cómo en sus labios y en sus pechos caía la pólvora del viento,
lo vi y me preguntaba si no habría otro mundo más amable para vivir.
Detrás de las paredes del olvido
escucho el inmenso vacío de llanto si pienso en la figura
de aquellos hombres amarrados al verde de los helechos,
hijos del cántaro y la ventisca,
del candil y del centeno,
sublimes en su escuela de resistencia,
de resistencia
de resistencia.
En algún lugar de la noche recuperaban fuerzas
para llegar vivos y despiertos
a la danza que mueve el temporal
con los primeros vinos del alba.
¡Cuánto frío deja el olvido en el costado!
Abatidos por el terrible hecho de saberse en la necesidad
de ocultar tanto sufrimiento
y cargar con la valija del hambre, si era necesario,
que siempre era necesario.
Me duele la herida de todas las ausencias.

Y mis ojos esperan impacientes la reencarnación de aquellos seres superiores
para declinar juntos el color de la eternidad.
Tantas veces contemplé su llanto
sobre la huella fresca del arado.
¡Ay, los caminos de polvo calcinado!
La hiedra con vocación de nube
se enreda en la vastedad de las horas como pequeños leteos,
los mastines hambrientos ladran cerca del campanario,
llevan en sus ojos la vergüenza de miserias ajenas.
Con la satisfacción de haber puesto todo el amor en la faena
volvían al entornarse la tarde callados y cansados
con un pobre inventario de lágrimas en la mano.
Las madres entre cortinas negras
dejaban ver sus vientres llenos de esperanza.
¡Cómo me duele el frío de aquellas vidas a la intemperie!
Se decían amigos del centeno engendrado en sementara,
hartos de mirar al cielo y, a veces, no querer mirarlo,
pues no había amargura más amarga
que un aviso de siembra malograda.
Ya solo quiero en esta hora tardía
cumplir la penitencia que me impone el olvido
y dar voz silenciosa
a quienes fueron raíz y camino
de una infancia renacida en mis ojos.

DE TODO LO VIVIDO

Aunque el viento sople en contra,
la poderosa obra continúa:
***Tú** puedes aportar una estrofa.*
WALT WHITMAN

De todo lo vivido,
la fractura de mis dos yos,
el que sueña escribir una página gloriosa en su vida
y el otro, que a menudo
se ve como ajo machacado en el cuenco de barro.
Hay que ser muy fuerte para saberse renacido mil veces
del humo del desamparo, del pánico de los relojes,
de los pensamientos inmaduros,
desoído
por el sabor del éxito que te lleva a confundir
el deseo de los dioses con la literatura a pie de calle.
¡Cuánto cuesta subir la escalera con la soledad de Keats!
Que el mundo no aplaste mis hombros en el vacío.
Tú no eliges el camino,
los caminos te eligen a ti.
Cuánto me gustaría ser un pájaro
con su canto
y con su llanto
desde las viejas torres de la cordura.
Quémese mi lengua
por no haber sabido cruzar los puentes plateados
donde me esperaba una voz para ofrecerse
con gestos de proximidad.

Es ese mundo subterráneo
que pisas
pero no ves,
ese soplo de luz tenue, presagio de oscuridad.
Mi padre extraía de rodillas la hierba mala
para que el fruto creciera sano.
Yo no supe imitarlo,
y en mis años jóvenes vagaba a ciegas
por barrios innombrables de Madrid,
de sombra en sombra,
de cruz en cruz
como andan los cuerpos cercados por el vacío.
¡Qué deprisa se hizo la noche!
Es ese mundo subterráneo
que pisas
pero no ves.
Ese soplo de luz tenue,
presagio de oscuridad.

DEL AMOR

(A Edgar, niño en Pozos)

Qué amor es eso,
de lo que hablamos sin pulso
donde nos arden los cuerpos,
al tiempo,
cuando solo queda
el cercano latir del corazón,
espiral de inocencia.
        ¿Qué amor es eso?
de llover y esponjarse
en el vértigo de la piel,
como la tierra húmeda,
como la flor en plenitud
quieta en lento atardecer
hasta hacerse quebrada figura
        con pies de sirena.
¿Qué amor es eso?
Cuando desciende a mirarse
en las verdes losas del río
y lo que ve
        es un sol de plata
apostado en el agua, la luz líquida,
como un niño moreno invadido de amor
en el pecho de la madre.

DEL OLVIDO

(Carta de Rosalía a Casilda)

En la arena dorada
escribimos su nombre;
suave sopló la brisa
y la letra se borró.
GIORGOS SEFERIS

Escríbeme desde el bosque ausente de faros.
Escríbeme
desde la casa de barro donde se oculta la memoria.
Nada sabe el trueno del silencio
porque la palabra es sagrada
en tu boca,
porque en tus mejillas se han fosilizado las caricias.
Escríbeme,
aunque al pasar nubes me digas que pasan ríos,
aunque me sientas extraña
y sea tu hermana,
mientras haya una señal dentro de ti,
dentro de tanta mujer,
habrá música en la piedra y miel en la palabra.
Escríbeme de los recuerdos
que vuelven de los prados de la luz,
como el amor a los hijos que nunca confundes
con los hijos de otros.
Hay un lugar de inocencia en el rellano de tu mundo
que te resistes a perder:

el espejo donde te mirabas para asearte,
las cortinas blancas que cosías,
recoger la huella de una lágrima inesperada
y aunque presientas un cierto desorden
no hay nada en ti fuera de la vida.
Me gusta imaginarte regresando de la cosecha y la ternura
con una cesta de sonrisas colgada del párpado.
Escríbele,
escríbele a todos los ojos
que te miran,
a todos los labios
que te pronuncian y diles
que aún aprietas el sol con las manos,
que sientes el roce del agua cuando llueve,
que has elegido vivir en los patios azules del silencio.
Ahora sí
toma nuestros rostros sin nombre
ya en la paciencia infinita del silencio.
Escríbele.
Escríbeme.

DIÁLOGOS DE INVIERNO

Al hurgar en el borde de la herida,
esa liturgia de ser hombre,
lo escrito dentro y fuera del costado,
siento imprescindible el milagro de la luz
para ser todo lo que uno ama.
Tal vez,
el amor haya sido una patología de la imaginación
como pensaba Proust.
Pasó que debí cruzar tupidas trincheras de alambre,
caminar con los ojos vendados,
entre el fragor de la sangre
y el vacío que dejan los trenes
que solo regresan de tarde en tarde.
¡Oh!, en qué rama ha de apoyar el poeta
                                        su amargura,
asumir la tristeza de un paisaje que se extingue,
como se extingue la charca pasado el aguacero.
¿Puede haber un horizonte de luz,
                                    aunque suene lejano,
donde las preguntas no se fragmenten
y vuelvan al origen,
al plomo de lluvia que fraguó la existencia?
Solo en el útero de un pensamiento fugaz
sabré distinguir
la senda florida que guía a los caballos
del remar melancólico sobre las oscuras aguas del mal.

Hablo contigo, poesía,
para que me lleves de la mano por los bulevares
donde escurren su orfandad seres desabrigados.
Ya no quedan árboles en las que colgar mis pájaros de color,
solo la palidez de un paisaje vacío,
la bestia del viento arrastrando los sueños
como herencia de un tiempo convulso de juventud.
Hablo contigo, poesía,
para que pongas en mi lengua toda la misericordia
cuando esté roto por la ansiedad y solo sepa apreciar
el rescoldo que dejan los sentidos al apagarse la luz.
Mis lágrimas de invierno
lloverán la sal del almendro en primavera.

DONDE DUERME LA BELLEZA

Son la mano que escribe sobre el tiempo del sueño
las armonías secretas y azules de su canto.
SANTOS DOMÍNGUEZ RAMOS

Cuando abro mis ojos se cierra la puerta a los sueños
y escucho el sonido del agua en otoño
al dejarse caer lentamente
sobre las hojas de hierba
que sufren de olvido en mitad de la maleza.
El bosque tiene sus propios secretos,
donde la fauna practica los ritos del amor,
donde se eterniza la belleza de los nidos abandonados,
y es al bosque donde los hombres llevan sus pulmones
para ser purificados en la brisa del viento.
Cuando el pájaro vuela entre las ramas
sus latidos son música y canto en el paisaje.
A menudo nace una flor nueva
y otras mueren en los filamentos de la noche
como mueren las ilusiones de cartón de un niño pobre.
Sé
que vengo de una tierra de alturas
de rocas acuchilladas
como el alma
como el alma
cuando percibe la ansiedad de una mala justicia
viajando de la mano del miedo por estrechos callejones.
La adolescencia me convoca con su lumbre,
a recorrer la senda bordada de verdes helechos

donde permanece enterrada la semilla del olvido.
¿Qué queda al despertar de un largo sueño?
Apenas nada, tú eres el vacío,
el tronco viejo que se desconcha como una lágrima vertical
al caminar sobre la niebla blanca de nuestros antepasados,
Cómo no los despierto
para que sientan la respiración silenciosa
de su sangre carbonizada.
Vengo del soñar haciendo camino
con los ojos cerrados.
Vengo del agua
no me preguntéis por el mar.

DUELO EN JAPÓN

Nadie llora ya en Fukushima.
No hay mar para envolver tanta lágrima
ni lenguas donde anudar los vómitos de la tierra.
Los castigados seres humanos apoyan su cabeza
sobre la orilla rota de aquella parte del planeta,
donde un mal sueño del cosmos
deja sin rostro la esperanza.
La vida de las gentes y de las cosas posan quebradas
bajo montañas de metales retorcidos.
Es la geometría del duelo después de la tormenta.
Nadie llora ya en Fukushima,
no hay espacio para todo el llanto de millones de flores
expuestas a la radiactividad.
Que vuelvan los pájaros con sus alas rotas.
Que vuelvan los pájaros con sus alas rotas.
Que vuelvan los perros que perdieron a su amo
y el amo que perdió a su perro.
Que vuelvan los niños con su tierna anatomía
a sentir el color y el beso de un amanecer en Fukushima.
Nadie llora ya en Fukushima.

CUMPLE EDU (40)

Más que al aire que respiro,
amo de tu nombre
cada letra en la que vives.
Más que al amor que llega
como manojo de luz a mis ojos,
mucho más, te amo yo.
Más que al silencio de los ríos
cuando me ahogo en su murmullo
y aún sigo vivo, mucho más te amo yo.
Más que al sol de diciembre
cuando pasa el azul de la ventana
y sonríe a un niño que llora.
Más que al amor melancólico
de una hoja caída en otoño
y no se rompe porque es fuerte.
Hay un pacto sagrado con la lluvia,
nosotros somos la lluvia.
Tu madre y yo domaremos la madera para que el barco no se hunda.
Más que a la espuma de los días
en los que me has hecho feliz.
Más que a esta sangre en rebeldía que corre
por las venas y en ti se desborda.
Tu madre y yo ovillaremos el agua para que el barco no se hunda.
Más que a esa luz ondulada que llena mi retina
desde siempre y para siempre, mucho más,
mucho más que a todo eso
mucho más te quiero yo.
Tú eres el patrón de este barco desplegado en mares de perezosa calma.

EL AMOR ESTÁ CERCA

Si me caí es porque estaba caminando,
y caminar vale la pena, aunque te caigas.
EDUARDO GALEANO

Todavía es posible soñar
con las palabras redondas
pintadas en el suelo que pisamos,
habiendo olvidado la molestia del calzado que nos hicieron a medida.
Es bueno abrir el corazón con la fuerza con que se abre un libro cerrado
donde algún sospechoso anotó nuestras derrotas.
No más derrotas.
No más derrotas.
Me basta con un dedo de nieve para seguir confiando en mí.
Todavía es posible celebrar la epifanía bailando el regalo
        que nos hace la vida
al ritmo y letra de rumba.
Todavía es posible respirar profundo la sutil zancada camino
        hacia la luz,
aunque la niebla siga formando serpientes en el aire.
Todavía es posible la lucha por dejar esta coraza que, erróneamente,
        el mundo
nos ha construido porque nadie puede decidir qué es lo correcto
para nuestra vocación de librepensadores.
Todo lo que el tiempo destruye con su música desafinada
puede ser un acicate para que la lumbre entre por los ojos,
y que en muchas ocasiones estemos bien y felices
aunque nadie lo anote en el fondo de un cuaderno de agua.
Quizás a todo lo que aspires merezca la pena,

como mirar al otro que sufre
y abrazarlo con entusiasmo,
como entregar una moneda insignificante al que no tiene pan
un domingo de fiesta.
No más derrotas.
Nunca te pares en mitad del río,
para que el agua no te arrastre,
bracea y bracea
hasta alcanzar la orilla donde te espera la clave
con la que has de abrir la caja fuerte de la felicidad.
Deja que las heridas se curen al sol.
Deja que el sol penetre en la piel,
que ardan todas las sombras al anochecer de los tiempos.
Yo supe un día
que el abandonar las vestiduras del pasado
significaba construir la casa del futuro.
En esta selva pantanosa con un mundo alcanzado de prisas,
la serenidad se hace pilar necesario para reafirmar la madurez del pensamiento.
Cuando escribo este poema
una paloma picotea restos en la ventana del café que me acoge,
esa es la prosa de la vida,
la contemplación de un hecho insignificante
que nos abre la puerta de los sentidos
y así cambiamos el légamo persistente de la oscuridad
por una luz que ilumine el templo sanador.
Si te queda un poco de leña
haz fuego en tu pecho,
el amor está cerca

EL ANHELO DE SER OTRO

(Poema incluido en la antología *Árbol de Alejandra*)

alguna vez
alguna vez tal vez
me iré sin quedarme
me iré como quien se va.
ALEJANDRA PIZARNIK

No le llevéis flores al silencio, acaso una piedra de luz
para leer con voz antigua
la vigilia del sueño.
Yo busco la verdad de las cosas en mis labios,
la intimidad del agua en las venas
y el oro del amor en la esfera del silencio.
No me gustan las sombran que proporcionan melancolía
a los ojos de cualquier niño.
Es que me enfrento al miedo agónico de las horas sin esencia,
al primitivo y agrio sabor de las palabras,
con las que, alguna vez, escribía cartas tristes a las cinco de la tarde,
sí, escribía cartas tristes a las cinco de la tarde.
He querido cultivar mis propias viñas, viendo
crecer racimos de oro blanco, flores y jilgueros en estos ojos
que, en ocasiones, me negaron la luz
dejándome perdido en un páramo de soledad.
Muchas veces quise ser otro,
ser escenario de otro cuerpo,
pero nadie elegía mi nombre,
nadie quería descansar en mi sangre.

¡Ay!, qué dulce morir en la bohemia del poema,
crear mi propio y eterno silencio
y hacerlo de madrugada,
cuando los soñadores tejen sus farolillos rojos.
Me voy ligero de equipaje para una ausencia momentánea,
tal vez, con alguna palabra sin «h» intercalada
con la que hacer solemne mi voz en el coro de ausentes.
Me habría gustado morirme de una muerte más básica
porque hace mucho frío bajando la escalera
y la soledad no admite otra retórica que la soledad.
Los herreros de ataúdes abandonados
han recuperado de entre los escombros mis vestiduras más propias
en la hora de la reencarnación, y de esta forma
vuelvo a la expresión real de la vida
porque he dejado muchas cosas sin terminar:
quiero hacerme un hueco en el pecho,
llenarlo de luz, como tierra de sol y de pan.
Voy a contar, una por una, las gotas del océano,
o escribir un poema para nadie en la hermosa nieve del sur.
Han de volver mis sentidos a la música de Queen
en *Bohemian Rhapsody*.
Que Lucian Freud me pinte la desnudez animal.
Buscaré la claridad en los mundos de Kafka y su «muñeca imaginaria».
El silencio es la hoja en blanco
donde el poema se hace carne.

ELOGIO DEL ROBLE

Como el sol, la luna, los árboles ancianos y los nuevos
tendiendo su sombra cálida sobre los rebaños.
JOHN KEATS

Veo espigas de nieve azul
deslizándose lentamente desde los andamios
de la más tierna infancia. Oigo los latidos
de mi corazón irrumpiendo en la memoria,
me traen los fragmentos de cuarzo
que veía decapitados en la majada,
el olor a humo de viejas chimeneas de losa,
el verde de la pradera donde solían pastar los corderos.
Siento el estremecimiento de las rocas verticales
que me dieron su primera luz,
el primer sustento emocional desde el frío.
En aquel entorno, donde los campos se visten de ocre
y el viejo arado escribe la intemperie del hambre
existe un quercus longevo,
el roble exiliado del bosque,
solitario roble de calvarios
enternecido con su carne antigua.
Yo lo recuerdo desde siglos clavado en el vientre de la tierra,
extendiendo el aire con sus plumas vegetales
para proteger a los sufridos segadores,
sin recreo,
de la intensa lluvia de sol en los veranos.
Nadie regresa al origen con un vacío en los ojos.
y es la nobleza de aquel roble
quien nos devuelve al polvo milagroso de la vida.

EMIGRACIÓN

(Españoles en el siglo XX)

[...] frío es el dolor de creer
que el calor no regresará nunca.
JOHN BERGER

Los ricos mostraron el camino de salida a los pobres
y profanaron la palabra *esperanza*,
cerraron los ventanales a la caída de la luz,
y así los helechos, a los que el pobre se había aferrado para soñar,
murieron aterrados por todo lo que veían
en aquellos cuerpos débiles obligados a buscar otro pan
en tierra extraña.
Lejos del hogar no hay sitio para un claro de luz.
Yo quiero estar con los míos, decían.
Yo quiero seguir amando a los míos, gritaban.
Eran aquellas décadas primeras y movedizas del siglo veinte
cuando unos hombres, del vacío a la nada
desnudos, mansos y con el sol perdido
debieron embarcarse a la tierra prometida de las Américas.
¡Cómo despedirte con los pies descalzos!
¡Es tanta la pérdida al dejar atrás todo lo que has amado!
Años más tarde, en los sesenta del siglo veinte
los ricos seguían quemando la cosecha del pobre,
estos, devorados por la semilla estéril del miedo,
enterraban su angustia en el suelo de la era,
y con la prosa del hambre en los ojos
terminaban en países más prósperos
cavando zanjas de honda melancolía.

El rostro de aquellos dolorosos movimientos y penurias
sobrevuela los océanos como una nube de sangre negra
que se hará presente en la memoria de sucesivas generaciones.

ENFERMERÍA

(Escultura dedicada a la enfermería en tiempo de pandemia. Autor: Jorge Aller)

Y aun creemos que el dolor más grande es morir.
JOHN KEATS

Entre el cielo, el verde y el olivar
he visto unas manos apretadas.
¿Cómo son esas manos?
Son flores de malva en la mejilla,
un pliego de palabras para el corazón que duele.
Son pastoras de carne herida en rostros ajenos,
invención milagrosa de resistencia,
viento y memoria
de los que olvidan sus nombres.
¿Para qué son esas manos?
Para llevar la luz a los agujeros negros,
para calmar el frío que deja el pesado dolor entre las venas,
para dejar una brisa de lana
en tantos labios rotos, una prosa inocente
cuando la vida se apaga,
cuando la vida se apaga, para doblar las espadas,
para doblar las espadas
cuando la nieve se quema entre lágrimas secas.
¿Cómo nacen esas manos?
Nacen como ríos de alambre
al fluir de una lágrima,
como ramas de olivo sobre el pecho aplastado,

cuando la luz ya no alcanza
a mirarse a los ojos.
Manos blancas que alivian el cansancio,
que almidonan la mirada
en las horas ovilladas de tristeza.
Manos que amansan la sangrante soledad
del dolor helado en la frente.
        He visto unas manos de acero silencioso
según la perfección del artista.
He visto unas manos apretadas,
                          manos vivas que abren
                                      la luz entre las sombras.

ENSAYO DE MÍ MISMO

¡Qué alegría la nieve de tu cuerpo!
ANTONIO COLINAS

Llegas, Juan Cabrera,
a través de las montañas colgadas de la antigüedad,
esas catedrales de piedra gris que dejaron en tus ojos
los primeros signos de vida y, a veces, de cansancio.
¿Quién ha llenado tu cuerpo de hombre?
¿Quién ha llenado tu nombre de cuerpo?
¿Quién te encadenó a esa piel de lumbre y memoria?
Porque la memoria es lumbre cuando arde
y el humo con su pesado dolor asciende lentamente
por las rendijas abiertas de la sangre
hasta los olivares redondos del cerebro.
Hiciste mudanza desde las lecturas de Emily Dickinson
llenas de misterio
hacia un lugar remoto e inexistente
creyéndote el sol del cielo
y el dueño de los mares
hasta que, harto de vagar con tanto óxido en las venas,
te colgaste de la punta de una estrella errante
que se fue extinguiendo en el infinito
para recalar en una vida nueva con tu armadura interior
recogiendo la elemental sabiduría de las cosas, cual es
entender un mundo donde no hay sol para todos.

ESA LUZ DISTANTE

Todo me duele.
La persistente rutina de los almanaques
y su forma extraña de dar nombre a la agenda
de mis grandes dudas desde el respirar hasta la piel,
la sombra alargada de inviernos con la humedad en los huesos,
la escarcha crujiente de la soledad
incrustada como resina seca en el mármol del tiempo
y el vaivén de viejas locomotoras alimentando nostalgia
en los confusos aleros de la memoria,
y me duelen las colas del hambre en la puerta
de un convento de caridad,
todo eso me duele y más.

Nadie cruza ya la calle para dejar flores en mi ventana
después del sol de mediodía.
Ya ves
también la tristeza se cuela
como el gato en la gatera de casas viejas
buscando esa luz distante
entre las diminutas rendijas del corazón.
Todo me duele.

ESPERANDO LA LLUVIA

Detrás de los tedios y las vastas penas
que con su peso entorpecen la brumosa existencia,
afortunado aquel que puede con un ala vigorosa
alzarse hacia los campos luminosos y apacibles.
CHARLES BAUDELAIRE

Abrir con puños de hierro la memoria vieja
y rescatar del olvido ese animal ciego
que hizo invisibles mis debilidades
al alba de todas las nieblas.
Con escepticismo hamletiano
he cruzado las vías más negras del planeta,
la flor suicida lamiendo mi rostro
y mi rostro buscando explicación al misterio de la vida.
Siempre quise
ser blanco por dentro,
y acariciar el prodigio de mi lejana niñez
pero tengo que hablar de la nebulosa de los días
en los que despertaba al calor de los bueyes
sabiéndome vivo y de qué manera el rocío del amor
se extendía por las celdas de mi pecho como algo secreto.
Era un muchacho adolescente que maduraba los sueños
por senderos de Urz y de piornos.
Siempre quise ser blanco por dentro.
El crepúsculo deja sus llagas encarnadas en los márgenes de un río
que desciende sin violencia por la rueda de los días
y yo dejo que mis ojos
se humedezcan de melancolía

al dar el último beso a una madre
después de que haya puesto en mis bolsillos
las monedas más bellas del amor:
que mi corazón esté alegre en los meses de internado.
Atrás mi padre, sobre la huella del arado, esperando la lluvia,
mi padre esperando la lluvia.

ESPIRAL DE MELANCOLÍA

(A Edu)

El tiempo incapaz de explicar lo imposible
ha colgado de mis ojos un territorio de enigmas.
¡Oh, Dios!, que siempre me vea caminando
hacia el pozo blanco de tu nombre;
que siempre tengamos un motivo para celebrar la luz
y la feria de la vida.
                                        Tu aliento vertido en mis raíces.
Tiemblo, sí, cuando pregunto razones por las que se ha hecho de noche
tan de prisa.
Tiemblo cuando, a mi espalda,
                        escucho los ruidos de frío y pienso
lo que cuesta vivir entre las negras heladas de invierno
y los intermitentes sudores de verano.
Tu sangre es el molde en el que reposa nuestro pequeño paraíso.
Cuando llegue la hora siniestra de la oscuridad
me retiraré a los patios del llanto
y mis cenizas flotarán en el mar
junto al último verso que escribí para ti.
                          La adversidad es una música silente
                          antesala de tristeza.

ESCRITO EN LA PIEDRA

No permitas, maldito y loco poeta de Ágora,
que el pasado y la historia cambien la realidad
de un amargo anochecer.
Aquí, a nuestra espalda, muchos hombres
fueron estabulados con su último nombre
como reses en el momento que antecede al sacrificio.
La palabra y el verso como cuaderno de lluvia
donde ha de brotar una luz
desde el helado rostro del sufrimiento.

¿Qué hicieron en la vida para merecer cercana la muerte?

Desconfía, poeta, de la hermosa tabla plateresca del pórtico.
Quizás, a su pesar,
hubo connivencia entre arte y dolor para dar cabida
a lo más obsceno del ser humano:
la negación del pensamiento.
Bajo este templo circular de piedra tallada,
guarda la tierra su llanto,
el llanto
el llanto de las madres, hermanos y amigos
esperando el abrazo que nunca llegaría.
¡Ay!, poeta de Ágora, soñador de nocturnos y penumbras,
escucha el grito que aún conserva su eco tras estas paredes
donde otros poetas, borrachos de utopías,
escribieron versos de amor y despedida.
De su sangre la tinta.

Sacad del olvido el estuche de las tumbas y ponedle versos
para que sus nombres vuelvan a florecer.

Muere la noche si no hay un poeta que empuje una estrella,
la estrella que vieron por última vez,
con el miedo en los ojos
y cadenas en los pies.
Por ellos habrá cada noche,
eternamente,
un verso luminoso colgado de los árboles de Ágora.
Aquí, en este portal de poesía sin ventanas
y bajo la luz tenue de las farolas,
los poetas dibujan en el aire la herencia de los signos aprendidos:
la voz, la palabra y la libertad.

ESTAS SON VUESTRAS MANOS

(Leído en el Centro Asistencial Santa Isabel en 2016)

Aguas dulces del Torío y la niebla que amanece
pecho arriba de Puente Castro a las lomas
hasta ser engullida por un sol rojizo
que asoma de naciente.
Es entonces
cuando se produce el milagro
y las venas como flechas afiladas
nos anuncian el prodigio de la luz.
Hoy es un día de abarcar el viento con las manos,
soltar los cordeles que anudan la tristeza
y salir juntos e ilesos del negro túnel del tiempo.
Este es un paraíso de esperanza donde, algún día,
                                                no existirá la intemperie
y avanzaremos hacia un mundo nuevo
          para compartir el gozo
                    de acariciar una flor en primavera o sorber
                              la ventisca del amor cuando regresa,
porque la luz es útil para salir del mismo pozo,
por la misma escalera,
para entrar en el mismo sol,
y anegar de memoria tantos ojos.
Pisaremos sin acritud las esquirlas que han crecido
más allá del dolor y plantaremos un poema
en esta patria alfombrada de sueños.

Estas son vuestras manos,
las que usáis para volar,
y se juntan para acariciar.
Estos vuestros ojos, faros de resina viva
que van de la mesa al abrazo
del vacío a la sangre, del gris al claro,
plenitud y verdor.
Esta, la lluvia de versos caída sobre hojas de otoño,
nombradla fúlgida plegaria de un gran encuentro
para ser todos uno, deshabitados de tinieblas.
Cuando lleguen las sombras que devoran el futuro
montaremos distintos caballos, blancos y negros,
anhelando siempre llegar juntos a la meta.
Y cuando expire la tensa oscuridad de la noche
vendrán los versos de Leopoldo María Panero a decirnos:
«... Suave como el peligro atravesaste un día
con tu mano imposible la frágil medianoche...».
Porque vosotros sois la opción de trigo,
simiente dolida en la tierra,
esperanza de espiga en la era,
belleza que dora la mesa.
Hoy es un día de abarcar el viento con las manos.

ESTIGMA DEL HAMBRE

Ayer siempre es un recuerdo
y mañana nunca será lo que se espera que sea.
BOB DYLAN

Se me ha hecho tarde para la vida…
Mira cómo irrumpe el desorden en los quicios del viento.

MIRA la tristeza escondida entre la niebla
y los ojos en la fría diagonal de la soledad.
MIRA la rama del olmo vencido
junto a un viejo cartón suplicando misericordia:
«ayuda para mis días sin luz».

Flota una mano temblorosa sobre el cauce seco del asfalto.

Nunca olvides la coreografía de estos actores invisibles,
con los sueños atrapados
en la oquedad de la sinrazón,
huérfanos de calor
y resignados a los oídos sordos de la multitud.
Es como ver congelada la sangre de los muertos.
Ni siquiera existen farolas que alumbren su tragedia.
La esclavitud del hambre se acomoda en láminas de vidrio
sobre la piel de estos desheredados
y es que todo hace pensar
en la falta de argumentos y la mentira
de quienes alardean de falsas promesas,

mientras el dolor permanece en el hueco de la noche
como un grito inabarcable.

MIRA las ciudades y las rúas,
a cada paso un chasquido del alma.
Cuesta vivir con la angustia de tanto vacío,
sin conocer los límites,
sin conocer la frontera
de un mundo que se sabe inhumano.
La suciedad del hambre eclipsa los sueños del hombre.

MIRA la tristeza escondida entre la niebla
y los ojos de la vergüenza tendidos en la calzada
como un bosque de soledad.

Se me ha hecho tarde para la vida…

EXTENSIÓN DEL ENCUENTRO

El sol se desparrama
como una manada de corzas
por estas calles de mi ciudad,
rúas ensortijadas del camino hacia Santiago.
Una mirada extraña se posa sobre mis hombros,
yo la veo vestida de peregrina,
la mochila verdegris a sus espaldas
y una concha dócil que como icono del camino
le cuelga del pecho.
Con su estaca de madera
va despertando los pájaros tempraneros.
Imagino a una mujer madura con sus carnes sudorosas,
imagino aquel beso que quedó pendiente de una primavera alemana,
imagino que por fin la tengo delante y la hago huésped en mi pecho
con la luz acuñada en los rastrojos del alma.
Imagino que el poema me arranca a gritos su nombre y su apellido:
Wiltrud Bisson.
Imagino el amoroso ritual de las palabras regresando al pasado,
pero ¡ay!, que a mis ojos poco a poco les va faltando claridad
y que el estruendo de los camioneros
repartiendo barriles de cerveza me alerta
de que solo es la extensión de un pozo de melancolía
lo que veo y lo que escucho.

FUGACIDAD

(Escultura de Amancio González en los Jardines del Cid, León,
dedicada a José, fallecido con 20 años)

En silencio abandoné las calles de la vida,
sin tiempo apenas para tejer el color de los sueños.
La noche oscura se hizo con lo más puro del alma
llevándose la luz de los estanques,
donde a menudo jugaba con los peces.
Los peces saltando desde los ojos.
Los peces saltando en la música del agua.
En mis bosques anidaban claros de fiesta
antes de que las afiladas cuchillas
proyectaran el miedo en mis vísceras enfermas,
y ahora me queda,
solo me queda el leve peso del frío,
la huella del dolor, el gorrión sin vida
en el hueco de mi mano
hambriento de volver a nacer
en la envoltura del amor
que nunca me faltó.
Hay quietud en el ropaje de bronce que me viste,
la comunión con el arte de mi creador,
el «poeta de las formas» Amancio González
esculpido el amor sobre los ojos cerrados,
sobre mi última luz.
Bendita luna que baja descalza cada noche
para limpiar mi templo de lágrimas
con un beso blanco de escarcha.

No era previsible que mis ríos de sangre se desbordaran
antes de llegar al mar
y al mar no se lo contaron.
Tras un laberinto de espejos,
veo doradas cabelleras, Mónica hermana,
y en el temprano rocío del amanecer
escucho el llanto de la gente que me amaba.
Ellos se quedaron con mi corazón en su mundo
y tiembla el silencio,
tiembla el silencio en la fijación aterrada
de las acacias emergiendo desde el asfalto.
Si alguna vez queréis agitar la memoria,
buscadme entre la espuma de los días soleados,
en los que, juntos,
encendíamos brasas de complicidad.
Buscadme en los verdes pastizales de la infancia,
buscadme en el centro vivo de la noche más larga,
pues no hay palabra que pueda explicar
en esta forma de adiós prematuro
mi batalla perdida.
Los peces saltando en la música del agua.

GRITAR

Quién dirá que el agua lleva
un fuego, fatuo de gritos.
FEDERICO G. LORCA

Gritar
para que no estalle el ruido emboscado
en mi cerebro.
Gritar
y que alguien cure las heridas
del pino ardido y profanado.
Gritar a las palomas
que buscan en mi ventana
las migas sobrantes de un naufragio de luz.
Gritar por los que huyen del hambre
y dejan en el agua su mar de utopías.
Gritar al hombre sin recuerdos
en la angustiosa despedida
de un adiós para nunca.
El grito enternecedor de la mano
al tren que parte
con dirección al sur para siempre.
Porque no hay más remedio que gritar,
gritar y gritar
para que los gigantes de los grandes preceptos
acaten la orden de no ensuciar
el cristal transparente de libertad.
Gritar, gritar.

HERIDAS QUE DUELEN O NO DUELEN

(A Carlos Mijares)

De tez morena y palabra dulce.
NI siquiera esperaste la llegada del otoño
para encender con nosotros la candela del verbo
con el que seguir compartiendo tanta vida.
A cuestas con tus cosas
pero dando siempre todo lo bueno del alma
que había en tu mochila
y era mucho
lo que pudimos gozar saboreando juntos
el café cremoso de Ékole.
Tus ojos hechos lente para captar la vida:
los tranvías de Oporto con sus corredores de ropa tendida.
El trabajo generoso y gratuito para exposiciones
hermanando el arte y la poesía,
como un Pessoa extraviado,
el blanco y negro que da la vida.
A cuestas con tus cosas,
con los sueños activados en la imaginación,
con las heridas que duelen o no duelen.
Como me recordaba una amiga común esta mañana:
«Eras madera generosa y noble».
Ya no volverás de ese viaje en los tranvías de tu Oporto «adicto»
y desde esa lejanía escucharás el aplauso a la obra que la lente de tus ojos nos confió: la fotografía de los rostros en blanco y negro de los orillados en la vida.

HORIZONTES DE PIEDRA / ALEPO

Arrastrando las piernas
van despacio, muy despacio
al país de Ningún Sitio,
a la ciudad Nadie
en la orilla del río Nunca.
ADAM ZAGAJEWSKI

Oscuras travesías entre aceros retorcidos.
Los edificios agonizan sobre restos inmóviles de alguna madre
con un niño atado a la cintura
y las costas reciben la helada soledad del emigrante.
Llegan remolcados por un arco de olas embravecidas
alentadas por la furia del mar,
la húmeda geometría del llanto
y, ya en tierra,
el refugiado
no encuentra un lugar para secarse los pies.
¿Cuánto vale la esperanza de saberse vivo?
¿Y si la tierra no fuera de nadie?
Vida y muerte, la música de Abed Azrie
tiñe con espuma de sangre las aguas del río Queiq en Alepo.
Son los golpes no revelados de un atardecer en el mundo.
Son los pechos escocidos de tantos hijos de la noche
huyendo de guerras, de tiranos y torturadores,
aquellos que han decidido el nombre de los buenos y los malos.
Llegan al viejo planeta como fardos errantes,
mientras, los pueblos, enzarzados en gloriosas razones
silencian, sin pudor, la masiva dispersión de piernas y manos,

de ojos y lenguas ardiendo en un bosque sin flores.
No hay lugar en su costado para dibujar una caricia;
no hay elección para ellos, solo sobrevivir
desollando los pies en vías muertas
hasta dejar sus huesos entre manojos de alambre.
Quizás el horizonte que anhelan no esté en ninguna parte
o tal vez terminen siendo los muertos sin flores en ningún cementerio
o los niños ahogados entre lágrimas de arena,
víctimas puras y blancas
en medio de tanta oscuridad.
¿Por qué no hay tierra extranjera para hombres libres?
Todo el tiempo de vivir
se hace desgarro.

HOY NO TRAIGO SÍLABAS TRISTES

En el corazón tenía la espina de una pasión.
Logré arrancármela un día: ya no siento el corazón.
ANTONIO MACHADO

Sobre hojas de otoño,
inmóviles y secas,
reposa en Collioure el azufre de las palabras.
Cuántas veces arropo mi cuerpo con su aliento
para desalojar la rabia contenida
en momentos de creciente desasosiego.
No temo a la tierra roja de las alboradas
donde la luz no es ni blanca ni negra,
tampoco al frío en los húmedos pasadizos
de la noche.
No es mi propósito construir este poema con sílabas tristes,
sino encender cada verso con la llama de lo eterno.
Mi lluvia son los pueblos olvidados en el extremo
donde nunca nadie escribió del hambre que acecha
más allá del campanario.
Tengo el presentimiento de que la poesía llegó tarde,
pero a tiempo
para templar los huesos del verbo como fértil bálsamo de luz.
Que la memoria de la palabra anide
en las cosas más pequeñas y se entierren
para siempre los disparos de vacuas proclamas.
Que nazcan olivos en la tierra hostigada
y sean los jóvenes poetas

quienes apuren la miel en los labios
para sanar el vértigo y la indiferencia.
Habrá una luz frágil descendiendo por el río verde
hasta devolverle al mar
lo que sus ojos han visto y escrito.
Cada instante tiene su página de gloria,
abrir una puerta, juntar unas manos.
A veces nos sentimos amenazados por los poetas suicidas
y es necesaria una buena escalera
para auparnos al sagrado aposento de la verdad.
Vamos a seguir subiendo carros de palabras
hasta la cumbre donde el sol dibuja las horas
y vamos a intentar que los portadores de símbolos inútiles
recojan sus banderas.
Si dejáis la puerta del corazón entreabierta
la sangre fluirá hacía el río grande de la vida
hasta desembocar en el mar blanco de la esperanza
y la poesía incendiará las rastrojeras de la desidia
para crear la brevedad de los inviernos
y cambiar sed por justicia,
impiedad por misericordia.
Que nazcan olivos donde la sinrazón escupe sus muertos.

LA CASA ILUMINADA

La línea recta pertenece al hombre,
la curva a Dios.
GAUDÍ

Dejadme soñar con los pájaros
que han sobrevolado, en siglos de luz,
esta casa de la memoria que hoy retorna
como metáfora de esperanza
de aquel imaginario mundo creado
por el arquitecto de la geometría, Gaudí.
Cuando la lluvia,
¡ay!, cuando la lluvia, las gotas de agua
caen sobre la chapa del alféizar en las ventanas
y es así como suena la música del alma,
y es así como se evapora el humo, el placer y el dolor.
Esta casa a cuestas con su historia vieja
y su historia viva
cuyas formas nacieron para albergar la bondad de los tejidos
en los que el contrahílo era una parte esencial,
hasta llegar a esta celebración museística de Hilos Cruzados.
Dejadme subir al tren de la nostalgia,
pues desde mi pronta juventud
desperté sin haber amanecido
a los pies de las cuatro alas vestidas de dulce pizarra.
Con ellas quiso proteger el maestro modernista su colmena
dejándola clavada en los azules cielos de la ciudad de León.
Sin amor no hay lugar para la belleza.

Es por eso que tuvo que ser el corazón de una madre, Iluminada,
como una flor que se abre ante el fuego del alba,
quien obrara el milagro en su hijo Eduardo López Casado,
para que de sus manos brotaran las humildes aldeas de la vida.
Llámense los conos del conocimiento,
impulso ascensional en la escalera celeste,
que llevan la fuerza dialéctica del hombre animal simbólico,
ángeles y demonios celebran un baile de máscaras
burlando el laberinto de múltiples arcos catenarios.
Buscan los pinceles del artista llevar una réplica en color
a la enigmática arquitectura
que el maestro, Gaudí, pensó para decorar su castillo-cuento de hadas.
De los silencios del vacío
surge una melodía de cálices invertidos
y la transfiguración de los rostros que nos han de redimir.
La belleza:
reconciliarse con las sombras hasta quemarse con la luz.

Dejad que mis ojos se posen en esta pausa de materia castigada
convertida en alumbramiento de vida por el artista López Casado,
la visión de elementos realistas y fantásticos que nos acerca
al existencialismo de Kafka y su filosofía de lo absurdo.
Cómo no amar el bosque de símbolos
donde Gaudí y López Casado juegan a las curvas de Dios
con el espumoso vino de un milagro permanente.
Dejadme besar este suelo y hacerlo sagrado.
Hubo una mística conjunción de religiosidad
compartida por Gaudí y Kafka
para hacer al ser humano motor y centro del mundo.

Dejad que mis palabras sean un canto de belleza
a la suprema manifestación de espiritualidad
en la creación escultórica y pictórica
de quienes son lejanos en el tiempo
y cercanos en la luz.
Como dijera Adam Zagajewski:
«Solo en la belleza creada por otros hay consuelo».

LA HIJA DE PAUL

(Paul era inventor
en un lugar de Alemania)

Ahora que ha renacido la conciencia del pasado
de su quietud en el desván de la memoria,
ya el sol envejecido y la tristeza empujando la sangre,
yo la siento de cristal, salvajemente joven;
siento el oleaje de sus venas abiertas
en el hangar de mis ojos.
¡La hija de Paul!
El volcán más bello abierto en la brújula del tiempo.
Así amé la carne en sus galerías,
y ahora
        la nombro sirena en tierra,
        invocación sacrílega, vértigo y noche.
Así la amé tanto en el día y en la pausa,
en los llanos y en el viento.
Juntos lanzamos una moneda a las aguas del Rhein
y los peces nos besaron los pies.

Los dos yacíamos inaugurando la sed en los blues del mar
y fuimos guiados hasta el Olimpo por los caballos de Eros.
La hija de Paul y yo nos mirábamos sin límites en la mirada:
ella,
una franja musical de luz en la oscuridad,
yo,
el caballo embestido por un aluvión de sangre joven.
Allí quedaron para siempre nuestros cuerpos en flor

festejando la danza de un amor adolescente.
Ahora que los ferrocarriles ni me llevan ni me traen
de continente en continente,
de frío en frío,
y en los apeaderos ya solo cuelgan relojes como pájaros muertos,
vuelvo a mí,
pasto de sombras,
para convencerme de que, definitivamente,
solo queda el vértigo sostenido en la memoria.
Vuelvo a esta fiesta otoñal de la vida
para recoger primaveras en una copa de ron;
vuelvo al zaguán de viejas librerías
y escribo de los amantes que intercambian sus cuerpos
arrumbados en herbazales prohibidos.
Todas las noches caben en el hueco de una sombra.
La hija de Paul...
Quizás nunca debí pensar otra lluvia
donde reflotar los ríos de la carne
ni exprimir el jugo amargo del olvido.
Quizás nunca sabré por qué aquella lágrima,
cristalina y redonda
se precipitaba desde el friso de sus párpados,
cual lenta tormenta de sal
hasta teñir de versos
el libro posado en sus rodillas,
mientras yo enfermaba y enfermaba
viéndola en lágrimas desangrarse
como se desangran los viejos secretos del alma.
La hija de Paul...

LA INCERTIDUMBRE QUE NOS HABITA

Acaso nadie sepa
apreciar el valor de lo soñado
más que en los propios sueños.
RAQUEL LANSEROS

El duelo silencioso del pino,
mientras arde,
me deja una sensación de felicidad mutilada.
¿Por qué presiento el fin de los manantiales
en los montes y por qué los cerros donde descansa la roca
son cautivos del fuego?
Esa cruel quemadura en el alma, el humo
que arrasa el corazón de los bosques
es lo más alejado de todo lo que fabulaste
para tu serena existencia.
¡Cuánto cuesta ser eterna alegría con la muerte en el aire!
Todo el tiempo esperando algo que nunca llega,
porque la tierra blanca es nuestra tierra,
esa bola de cristal que transitamos
para renacer a una vida nueva
animados por la verdad y la belleza,
lo que un día vieron nuestros pequeños ojos
en el remanso ofrecido de nieve.
Te llevaré de la mano como a un niño perdido
cuando regresa a la casa de los trofeos.
Fuera de ti, fuera de mí, existen otros mundos
de jardines en ruinas y flores decapitadas,
mas no temas,

no temas a los afilados colmillos de la intemperie
porque detrás de cada puerta siempre te espera una voz
capaz de transformar el lenguaje de las sombras
en una excitante carrera de corzas bosque abajo.
Siempre habrá una cuerda donde poner a secar tus lágrimas
si el dolor erosiona las naves del viento.
Cuando llueva pesada amargura sobre los hombros
juntaremos la yema de los dedos
para decorar con amor todas las plazas redondas
donde los obreros se sientan a meditar.
A veces, me oculto en el silencio y repaso las horas de sequía,
las desgarradas albas del pensamiento
sin más consuelo que la escarcha negra
dormida en los primeros peldaños de la madrugada,
y me pregunto
de qué materia estará construido el perfil
del aspirante a viajero sin brújula.
A lo largo del tiempo he aprendido
que para cruzar el desierto de la reconciliación con uno mismo
es inevitable golpearse las sienes
y que no se amotinen los limoneros en el sendero.
Hay que celebrar que hayamos llegado del vientre materno
entre las cosas más simples
como criaturas obedientes a la voz del corazón.
¡Oh, tierra levantada sobre polvo de ausencias!
que no vuelva la zozobra a zambullirse
en la espuma de aquellos mares asesinos
donde solo naufraga la pobreza,
que el dolor viejo no nos amargue el pan nuevo.

Que vuelva, sí, el trigo a la sangre,
la belleza al poema
habitado solo por el amor,
la luz y la palabra.

LA MADRE

Mujer de barro soy,
pero el amor me floreció el regazo.
ÁNGELA FIGUERA AYMERICH

Vi tus manos gastadas,
pero limpias,
erosionadas,
pero no anochecidas
como tu corazón en vigilia permanente
al que me debo.
Eras la fuente del agua en mis labios,
lo necesario para crecer como la hiedra
desde niño a ser hombre.
De ti me llegaba
mucha lluvia,
mucha luz,
muchas costuras en sangre
con las que estañar cicatrices.
En este destierro de lunas que arrastra mi cuerpo a la intemperie
guarda la memoria el eco de tu voz
que ahora presiento
en silencio perpetuo.
Nunca tuviste prisa para amar
a los once, por eso te sentías abrasada de luz
como la diosa de la siembra, Demetra.
Vi como a veces
el río se llevaba tus lágrimas
muy en secreto

muy en secreto
muy hacia dentro
muy hacia dentro para no dañar
el oro de la espuma que doraba tu alma.
Vi en tus ojos un pacto de cercanía
entre la escasez y la ternura.
Todas las lunas de invierno llegaban con la esperanza vencida
pero tú sonreías
eras melodía
que al recoger con tus brazos las ortigas de la zozobra
nos dejabas a salvo
en el umbral de la casa.
Como lumbre gozosa
el amor más profundo irrumpía en tus ojos
cuando despedías a tus hijos camino del internado.
La cicatriz del último beso no se borraba
hasta pasados nueve meses que duraba el peregrinaje
por las aulas del colegio.
Te vi doler y tú sonreías.

LA MONTAÑA Y LA PIEDRA

Al hombro el cielo
aunque su sol sin lumbre.
LOPE DE VEGA

Cógeme de la mano, padre,
ahora que ya vives en la belleza del frío y dime
que rebelarse es nacer y amanecer en cada surco
para ahuyentar el miedo irracional
a la propuesta de los dioses de la guerra.
De qué manera, padre, vigilabas el latido más puro del bosque
donde la calma no espera.
La imaginación de los hombres congregados bajo el sol
trenzó un nudo de manos para no pararse en mitad del camino,
camino hacia la luz, hacia el rojo interior de la vida
donde cierra su círculo la desesperación.
Cada mañana es una montaña que debes ir escalando
hasta llegar a la cima,
te esperan las nubes con su arquitectura de cordeles,
se tocan las estrellas como adelfas blancas
y los últimos metros mueren a la altura del pecho.
Cuando quieras probar el vigor de tu cuerpo, elige la piedra más pesada
para rodarla, como Sísifo, al filo de lo imposible.
¡No hay nada más sagrado que el perfume de la luz en el ciego!
Hoy me lleno de historias vegetales
rememorando en mi ascenso a la montaña
las palabras que iluminaron la palidez de la infancia,
entonces aprendí que, al pisar una flor, me sangraban los ojos.

Toma, hombre de musculosa fe, el silencio de la piedra
y purifica su materia, su escritura eterna
con la música que silban los pájaros verdes
al encuentro con el agua, el viento y el fuego.

LA NIEVE

La nieve
en los ojos.
Son valientes las montañas
que te acogen en sus repechos.
Será lo sagrado
la sed de cristal que desafía el invierno,
como la más blanca oración del joven
novicio.

Solo el viento,

el viento suicida

te hará retornar a la nada del poema sin palabras.

La nieve,
poniendo a salvo la memoria del tiempo
para que la luz brote
como señal de vida y permanencia.
La nieve en los ojos
se torna llama.

LA PALABRA

No dejes de creer que las palabras y las poesías
sí pueden cambiar el mundo.
WALT WHITMAN

En los pedacitos de corazón
cuando duele
y siempre cerca de mí, la palabra.
La palabra el primer regalo de amor
de una madre.
La palabra de Ulises el héroe insatisfecho.
La palabra, cristal en el agua
donde se miran los enamorados.
En la inocencia de los niños
la palabra crea la pradera de los sueños.
La palabra que gime al despedir a sus muertos.
La palabra silencio jardín de ceniza.
La palabra malherida en boca del que odia.
La palabra para dar nombre a las cosas.
La palabra que se agolpa en la sien del poeta y
se inmola en el filo del cuchillo mellado.
La palabra.
La palabra.
La palabra es piedra y es lluvia
y aspira a ser pan en el folio del poeta.
Ojalá cuando me vaya la palabra me recuerde
y hable del origen del silencio.

LA ROCA EN LLAMAS

Silba el pájaro
su postrer llanto
de regreso al monte solidario.
Se retuerce el bosque en desamparo
como un racimo de huesos quemados
ante la obscena mirada del hombre
que lo maltrata, que no hace intenso
el deseo de convivir con él.
Bosque y vida son la misma cosa,
sonidos que fluyen, que siempre fluyen
del fruto y del aire en libertad.

LABIOS EN FLOR

(Recital LékolePoetique 2015)

Más allá de la mirada,
el ojo ciego sobrevive al misterio de la sombra
donde la carne en tropel se transforma
en tierra roja,
en sórdido canto
de ebriedad,
el silencio cruel de la nada.
¿Qué puedo hacer para
sentir
de tanta amargura arbolada
la respuesta
a mis labios en flor,
al corazón en zozobra?
Las flores liberadas
son enigmas
bailando en los agujeros del aire.

LLANTO EN MARIÚPOL

Huele a quemado. Durante cuatro semanas ya
ha estado ardiendo el pozo seco de la huerta.
ANNA AJMÁTOVA

Volverás a sonreír, Ucrania viva,
no duermas en la pena,
ni humillada
ni vencida.
Con la leña de invierno ardiendo en las calles,
con los labios abiertos de sed y esperanza.
Con los muertos preguntándose
¿qué es lo que pasa?
Con un jarrón de palomas heridas en aguas amables del mar de Azof.
Con los perros buscando entre la jungla del asfalto
el grito, el llanto,
el latido de un niño,
quizás el último latido del niño que duerme
en un hospital de Mariúpol.
Esta guerra no rima con mi poema
solo enluta de sangre la memoria.

Volverás a sonreír, Ucrania viva,
ni humillada ni vencida.

Hay cuerpos reventados en la calle
y el viento escupe el horror de los espejos
en los dormitorios pintados de rosa.
¡Oh! Toda la tristeza de un mundo fragmentado.
Triste la palabra fusilada en el teatro de Mariúpol.

Triste escuchar la voz del tigre
estrellando su lengua de rabia y sus vómitos de odio
en aquellas ventanas donde hay velas encendidas.
Es la violencia de la metralla lanzando estiércol
sobre los rostros que alborean el miedo.
No le pidáis al niño que dibuje una estrella junto al sol
porque descalzos ya los pies
solo pisan húmeda sangre.

Hay un no rotundo a la guerra.
Hay un temblor de sangre inocente
extendida entre muñecas rotas.
De los florecidos pechos de una madre
cuelga un paraíso de vidas truncadas
y al sol del mediodía las bombas caen locas
locas, locas, como una manada de relojes
en la invisible piel de la desolación.
Los pájaros se vuelven de costado
al paso de las banderas,
al viento le molesta la ceniza en los ojos
y el administrador de vidas escribe con las manos sucias
la sentencia de muerte
de un pueblo libre y soñador.
Los árboles que pueblan viejos bulevares
mueren de pie, como un signo de libertad.
Con la leña de invierno ardiendo en las calles,
con las madres que mueren besando a sus niños.

LOS CORREDORES DE LA MEMORIA

No tengas nada en las manos
ni una memoria en el alma.
FERNANDO PESSOA

Levantas el telón y ya estás en el teatro
escenificando tu forma de presentar al mundo
el sueño de saltar al vacío desde la nada.
Siempre hay un principio que va a incardinar la luz y el barro,
la inocencia y el pecado,
la ternura en los estanques del alma,
el fuego de la ortiga que quema tu mano
o la inocente piedra perforada por el sol.
Fuiste un niño de tantos cuando la bala ya dormía en el útero del viento,
camino del cementerio.
Fuiste un niño de tantos que anochecía de pobreza
y despertaba en el brumoso espacio de la duda,
el niño que lloró muchas veces abrazado al gris de la mañana.
Y así,
mi cruz decorada con los clavos mellados del vacío
me pesaba en cada palmo de escritura
como un cuerpo extraño en mitad de la partida.
Son los pasos perdidos en el horno de la memoria,
donde están sepultados los incendios del verano
y los pájaros negros que atrecían[1] en invierno.

1. Término cabreirés.

LOS INVIERNOS

Todo sucede en la mirada del tiempo,
en aquel lejano recinto de la infancia,
donde los inviernos ejercían implacables la función de hostigadores
sobre la pureza de mis pies descalzos.
Aún percibo el llanto cercano a los ojos
como la huella de una piedra roja en el umbral de la memoria;
soñaba las noches sobre un puente de olivos
cruzando ríos entre lágrimas de nieve y cuerpos agonizantes
y ahora pienso en Rimbaud:
«Cerrarán los ojos para no mirar por los cristales
la noche y sus negras muecas».
Cuántas madres vi destrenzando inviernos
con un pliego de heroínas en el regazo.
Cuántas preguntas me sigo haciendo yo como hijo del centeno
sobre la estrella que guiaba estos corazones sin techo,
al final siempre hay una luz que resplandece y me devuelve
la eternidad de una mujer
más allá de mujer.
La escarcha cae desigual en los cuerpos
dejando una lluvia desmedida de recuerdos,
es entonces cuando la espalda del miedo se parece a una sombra
y has de recurrir a la inercia de los otros
para ser devuelto al útero de la verdad y la belleza.

LOS LIBROS

El libro es, sobre todo,
un recipiente donde reposa el tiempo.
EMILIO LLEDÓ

Libros apilados en viejas estanterías
con signos y palabras
para darle nombre a las cosas.
La palabra que cae afilada en los ojos,
que es hermosa como la orilla verde de un río
cuando acoge el dulce descenso del agua.
En los libros deja el escritor:
el dolor de las primeras espinas,
una parte de sus angustias
y lágrimas del primer llanto.
Pero, también, están en el libro
los senderos de flores para la contemplación
en la infinita belleza de la vida.
Los libros te transportan a los territorios
más violentos del mundo o te dejan en medio de un prado verde
donde los amantes se besan.
La voz «tierra sangre» de Ida Vitale
ya tiene un hueco en mi casa,
se refugia en la geometría blanca de una pared
con apacible silencio.
A veces me sirve para ahuyentar
el estruendoso ruido de la soledad
cuando escucho llover sobre una página en blanco.

En mi casa, los libros dialogan entre sí
y de esa conversación yo intento extraer
lo que a mi alma interesa para calmar el dolor.

LOS NIÑOS Y LOS POETAS

La verdadera patria del hombre
es la infancia.
RAINER MARIA RILKE

Miden sus ojos con una lluvia fina
y sigue siendo lluvia.
Es el lenguaje que el poeta crea
para pintar los caballos verdes
de la infancia.
Son los niños que llenan de ternura vacíos de soledad.
Son los niños que amanecen al alba como un espejo limpio
donde el mundo se mira y se recrea,
los niños verso entre las ramas con alas de pájaro.
Lo vieron así Andersen, Lorca y Machado, Neruda o Gloria Fuertes.
Otras, como Alejandra Pizarnik, escribían de la niñez para dolerse
de su tiempo de infancia. No era una flor nacida en la roca
sino una luz mortecina, una herida sangrante en el costado de la vida:
«Yo no sé de la infancia
más que un miedo luminoso».
Umbral sangra, el dolor de su hijo es una grieta más en el alma
y la niñez la fragancia que desaparece al aspirarla.

Los niños son el estreno lírico del fuego,
y se abren al mundo como un relámpago de piedras
donde arden noches llenas de infancia y de flores.
Las flores,
como las mariposas, pueden volar
y, en ese vuelo, los niños se asombran de todo lo nuevo

y sienten el poder de la belleza en la mirada
y saben caminar por un río sin mojarse los pies
porque la inocencia es el color del trigo en los trigales.

Los niños,
una luz pequeña que brilla en un paraíso grande,
y nunca vuelven de la guerra sino de un campo de sol,
por eso,
recogen florecillas del bosque mágico de los sueños
para llevarlas al mar,
donde otro niño que llegaba en busca de la tierra prometida
se encontró con su tumba cavada en el agua.
Ya no podría pintar un pan en la arena,
ya no tendría un espacio digno donde llorar la tempestad del exilio
porque era hijo de otros.
¡Qué tristeza el mundo y sus cordeles!
¡Con el frío de la goma no se mide la libertad de los cuerpos!

Habrá flores en forma de corazones
cuando el planeta gire en la memoria,
y los niños de Auschwitz despierten de la sed.
Habrá flores en forma de corazones
cuando los niños con pijama de rayas sean haz de luz
en la oscuridad,
cuando vuelvan a sonar los violines
y vuelvan las mariposas
a volar sobre las tumbas sin nombre.

Yo tuve, también, unos ojos de niño pobre y asombrado
por todo lo que veía y tocaba,

como las catedrales de piedra,
mundo silencioso
anclado en las montañas rubias del Teleno.
En humildes pupitres de una escuela mixta,
empecé a pintar la literatura
con palabras breves
como las que utilizaban los niños americanos
al volver sus padres soldados de la guerra:
abrázame, padre, quiero ser fuerte.
Ahora que ya solo veo atardeceres
desde estas colinas donde la sangre canta sus miedos,
caen las palabras envejecidas con el añejo de su significado,
y pienso en los versos de Cavafis:
«cuando inicies tu viaje a Ítaca ruega que el camino sea largo,
lleno de aventuras, lleno de conocimiento».

LOS OJOS DEL HAMBRE

Abrieron los ojos
y vieron piedras azules
en los mataderos furtivos.
Había sed y olvido,
angustia y desesperación.
Unos hombres habían existido
antes de llegar el hambre,
poco antes de llegar el hambre,
sin voz para vestirse de pobres,
pero llegó el hambre y sus labios
fueron sellados
con hierbajos de libertad.

LUGAR COMÚN DE LA PALABRA

[...] la palabra es un callejón de suertes
y el registro de ausencias no queridas.
MARIO BENEDETTI

¡Ay, el mar!
terco alboroto de olas a la deriva
y nosotros como surcos yermos, como raíles abandonados,
donde antaño
aprendimos a encajar golpes de plomo sobre la piel.
Cada día la herida
más abierta, más rabiosa,
y el sol, viejo y ciego,
que nunca llega a la hora esperada.
La sangre
huyendo despavorida a posarse
en el flanco débil del costado.
Pido que los pájaros vuelvan a cantar divertidos
mientras duren los hilos de nuestra existencia
y que me construyan nidos de estrellas
en el lugar común de la palabra
donde el poeta
pueda expresar libremente sus emociones:
el júbilo, la tristeza o la amistad.
Que exista un territorio para celebrar la misericordia
de los que se sienten mendigos de la luz.

MADRE SARA

¡Madre de Hermes! Y siempre joven Maia,
¡me será permitido cantarte como en aquellos días
en que te saludaban los himnos en las costas de Baia!
JOHN KEATS

Veo aquella madre joven,
bajando la cuesta de Maristas,
viene
con los ojos recién estrenados.
La verdad existe para ella,
existe
existe
entre un blanco recién planchado
y una flauta sonando en su corazón.
Lleva el verso «madre» bien sujeto
a los dictados de la estirpe.
Sonríe, Sara, como una huerta
donde lo sembrado ha nacido
y se hace mar
y se hace miel
a cada luz del alba.
Miro aquella madre joven
ser en otros ojos
porque lo más bello
es lo que se ama.

MAR EN LLAMAS

(Playa del Tarajal)

El doloroso de razón frente a la vida
que muere en la esperanza y no regresa.
JUAN CARLOS MESTRE

La noche mala de los continentes alberga turbios escombros de hipocresía.
Tanto ser humano al que se niega una mañana blanca,
o un espacio digno donde llorar el exilio
o la belleza de poder elegir su destino.

A espaldas del mar hay niños significados de abundancia,
jugando con las olas, y a su lado, otro niño
que solo quiere dibujar un sol con sus dedos,
y es arrojado sin piedad al viento de las olas.
¡Tiembla la sangre con el dolor de los cuerpos sobre la roca negra!
Tú me preguntas lo que el poeta dice
y yo te digo
que ellos, los desposeídos, ya no vieron ponerse el sol.
No había canoas a la orilla esperando,
porque eran hijos de otros
y el poeta los nombra desposeídos.
¡Qué tristeza, el mundo y sus cordeles!
Ni un claro de luna para soñar,
ni balcones donde colgar la esperanza tatuada en el pecho con agua salada.
A la mar los devolvieron como gelatina humeante,
mientras el vuelo de la gaviota sonaba a metal en la marea.

Hay niños significados de abundancia
jugando con las olas y otro niño
que solo busca pintar el cielo con sus manos.
Nadie conoce el idioma
para definir la intemperie del exiliado.

Fue el cielo testigo de aquella página negra
cuando las bolas de fuego caían sobre la carne tierna
de una anatomía vestida de oro puro.
A la orden de la autoridad se hizo el silencio.
Silencio, silencio, silencio
el mar se está muriendo
y las gaviotas han dejado de volar.

MERCADOS DEL PUEBLO

(A la plaza del Grano de León)

Me citan estas piedras de memoria y nieve
coronadas por la hermana tierra.
Sé que estoy ocupando con mis versos un espacio
de sueños horizontales:
el blanco y negro de la vida
volviendo de un largo viaje
abriendo una nueva herida.
Sé que estas piedras de dudosa geometría,
amaron por igual desde el origen: la luz,
la lluvia y la esperanza.
Me hablan de un tiempo
en el que el humo sagrado de las chimeneas
ennoblecía la respuesta de la fatiga,
labriegos que dormían con los ojos abiertos.
También me recuerdan
que sentados en torno a la lumbre de la palabra
los campesinos agitaban animosamente la hoguera
de las transacciones
con el barro de las sandalias
y el ruido de los caballos.
¿Quién puede mancillar este silencio de piedra,
esta sublime calma de luz
sin que la sangre de nuestros antepasados
reviva al peso de humildes rituales?
Pues aquí, en tanta quietud soleada,
se escribieron páginas justas en la vida de los hombres:

bastaba un apretón de manos para rubricar
los sueños nacidos en la soledad de los mimbrales.
Se miraban a los ojos que venían de la nieve
donde siempre es posible entenderse
y, así, el trato quedaba consagrado.
Mirad,
aún siguen los gorriones en su vuelo
aventando la flor de la espiga en los rastrojos,
aún huele a milagro,
en los ojos
de los que labran la tierra.
Me citan estas piedras llenas de sol y de tinta,
donde duermen relojes devorados de nostalgia.

MIS OTROS

A los que soñaron sin abrigo con un pan de centeno bien horneado,
el cielo blanco para sus ojos.
A los que fueron machacados en las canteras de la soledad y el olvido,
siembra en el corazón
con nubes de sangre cercana.
A los que vendieron el fuego para curarse del frío,
el abrigo verde con botones negros y la pausa del pájaro
que purifica el aire.
A los desplazados del mundo que nacieron al alba con las cartas marcadas,
la luz clara de una historia de amor nunca escrita.
A los que bebieron el cáliz amargo de la angustia, la indiferencia y el vacío,
balas de un ángel disparando al poema.
A los que plantaron el junco de la esperanza en los márgenes del leteo,
un espejo para mirarse en el agua.
A los que trillaban el sol en la era con bestias dóciles,
cálida sombra contra el desvanecimiento.
A los que partieron desazonados desde un campo de tinieblas,
la calma que le negaron
las encarnadas voces de hipocresía.
A los que no nacieron para eso, pero hubieron de pastorear el ganado
y perder tiempo de escuela,
cuando en la sangre llevaban oculta su gota de artista,
¡que me den una copa vacía y la llenaré de lágrimas por ellos!
para ellos,
para todos ellos,
lirios de Van Gogh y una partitura de Gustav Mahler.

MOHSEN EMADI

(Poeta iraní)

Te recuerdo, Mohsen Emadi,
con los ojos vaporosos entre virutas de luz en Chelsea-bar;
el sagrado misterio de contar la vida del hombre
a través de la belleza del lenguaje,
así fuera en persa,
tu canto estremecía.
Bajo el ala gris de un sombrero gris
se enredan los hilos de la voz calcinada por el llanto,
huyes del vértigo de la noche,
del frío y la derrota,
la tierra sin tierra de los pueblos.
¡Quién inunda los valles de luz?
Decías tantas cosas,
decías tantas cosas sin mirar...
decías que era poca la lluvia al otro lado del mar.
Contemplo absorto cómo el sonido del ron incendia tus ojos
con las malditas alambradas
que se nutren de la muerte.
Te sientes incomprendido en los versos
y lloras la piel de los pueblos que amas,
donde se niegan razones a labios indefensos.
Yo no sabía cómo era la voz del desierto en persa,
pero tú
sí sabías cómo ardían las antorchas del miedo
en los campos de refugiados,
párpados de la noche,

látigo sediento
de los padres de la muerte.
¡Mohsen!, ¡Mohsen!,
la melancolía surge de los trigales del alma
para quedarse en los labios absortos de luz.
¡Llueve poco al otro lado del mar!

CAMINO DE ÍTACA

(A Caminante)

Ten siempre a Ítaca en tu mente.
Llegar allí es tu destino.
CAVAFIS

Nunca abandones.
Ve hasta el límite, Caminante,
pero escucha las trompetas de fuego a orillas del sendero,
el sonido que da sombra al pájaro recién amanecido
y a tus pisadas.
En las raíces muertas de algún poblado de árboles
reconocerás la herencia de una música soul,
son los ríos que aún sangran en labios de James Brown.
Te luce ese porte introvertido de andarín acróbata
sobre granadas líneas de pensamiento
y, de forma gratuita, nos prestas la luz
a los que apenas sabemos dar paso firme
al volver de los inviernos.
Hay un galope de poema épico debajo del sombrero,
son las cavilaciones de tu mirada escondida
en la tez limpia de una piel acalorada.
Nadie conoce tu nombre
aunque tu nombre sea Caminante
entre los poetas de Ágora.
Ve lento, viajero de lunas, y deja que la orilla
se inflame de tu condición de tránsito
porque nadie se marchó de esta vida

sin dejar huella de palabra escrita o rezada,
antes de llegar a las puertas de Ítaca.
Caminante. Camino. Caminante.

NECESITO ESTAR SOLO

Necesito estar solo,
solo,
pero no sin vosotros, poetas,
que vigiláis la pureza del llanto en el sauce
con adjetivos tatuados en el pecho.
Hay un tiempo apacible para bellas metáforas
fundidas a hierro en los labios de la noche.
Este poema que de mi carne nace
es el resorte a la persistente dolencia de soledad
que arrastro más allá de saberme perdido
en el iracundo ocaso de los días.
Era yo apenas un muchacho
novicio de mundos y vestido de limpio
cuando fui dejado en los flancos de la noche
como el hombre animal que busca soluciones
en un mercadillo de saldos.
Mucho tiempo sobreviví con el estigma del miedo entre las uñas,
sumergido en la niebla de mis contradicciones
y amenazado por un río de pájaros negros.
Apenas un muchacho era yo,
un muchacho abandonado de patrias,
la sombra ignorada por aquellos hombres-martillo
que cruzaban las calles en la ciudad de Mannheim
con los labios reventados de alcohol
y del brazo de mujeres alquiladas,
la tormenta perfecta para un ser confundido.

Mis proyectos de juventud ardían en aquel instante de oscuridad
como el veneno colocado por un emperador romano en la copa equivocada.
Vi de pronto la muerte vecina llegar
a caballo de una noche de lodo y bohemia
cuando ya apuntaba la madrugada.
Pero el ansia de vivir
me arrancó de las tinieblas
y pude estrujar la rabia de mi ebriedad
amaneciendo en el territorio confuso de los párpados
con la voz quebrada, pero vivo.
Ahora siento cicatrizada aquella herida
en el óxido grasiento de la memoria.
Necesito estar solo,
pero no sin vosotros, poetas,
porque como decía Miguel Hernández: «aún tengo la vida».

NOCTURNO DE POZOS

Tus pies descalzos en el arroyo,
la plaza y el sol que compartimos,
el amor que nos unió en lo esencial.
Los ojos haciéndose mundo,
una huella de fuego al inicio del camino
para crear un paisaje de esperanza.
El puñado de harina blanca depositada
en el fondo cristalino de un río manso,
como mensaje de emociones primerizas.
El miedo a no alcanzar los claros de luna
que has escrito bajo la nieve.
Así nuestra infancia.

OLA DE VERSOS

Cuando la voz se rompa
y ya nadie pueda coser los pliegues de la luz
al eco que deja la ausencia.
Cuando escuchéis el grito helado de los campanarios
y las habitaciones queden ya desnudas,
entonces, poetas,
deshaced el silencio en mi tumba
con un verso de Ágora.
Y si aún hay flores depositadas sobre el mármol
que me cubre
como elogio a mi humilde figura terrenal,
recogedlas
porque ha prescrito mi voz en el mundo.
Os nombro, poetas en vela, que desde el fondo del mar
volcáis las olas, y son de cristal las palabras
que vuelven en olas al mar.
Cuando la voz se rompa
y ya nadie pueda coser mis ojos al eco final
seguid cultivando la verdad en esta tierra caliente
que proporciona
al hombre pan y al lino textura.
Mirad cómo se llenan de luz los niños
asomados a las ventanas aledañas
para ver amanecer los sueños de libertad.
Cuando la voz se rompa
recoged mis palabras, que aquí os he dejado,
atadlas al viento,
me llegarán cualquier día sin sol

a los paseos señalados en tristes patios de cera.
Y seré yo, pero ya no estaré,
solo un cuerpo sin luz,
humo amarrado a la sombra del ciprés.
Os espero
asomado a la barandilla del último valle
con el abrazo invisible del amor antiguo.

ÓPTIMA LUZ

Tus ojos son una cruz de arena blanca
en el desierto de mis pronombres.
Tu corazón el patio donde aún es posible
jugar y reír,
sentir y ver
que sobre las olas del mar algo dulce nieva,
que unas manos tiernas leen en tu piel
la mirada de limón que te protege
y siempre te dice lo de amar,
en el frío y en el sol,
en abril y en la herida.
Acaso, si acaso llegada la sed,
            y doliera,
solo mira esta nota escrita en el agua:
te amaré
                al despertar.

PEÑA DE LA FORTUNA

(Trascastro de Luna-Omaña)

El poeta acude
alentado por la fuerza de la palabra
y se muestra transparente a la diosa fortuna mineral, la Peña.
Porque ya lo sabéis,
ahí fuera está el sol detenido
y los pájaros se bañan en noches heladas.
Pero, quizás, algún día
la magia de la Peña sobrevuele el alma de las cosas
y nos deje la verdadera sustancia de lo bello: estas flores
silvestres, estos campos anegados de colores
que han crecido perennes en la retina de nuestros ancestros.
Desde el cálido vientre de las colinas cercanas en Omaña
nos llega el eco
entre melancólico y esperanzador
de muchos otoños por senderos embarrados,
de la frente de los segadores quemada al sol del mediodía,
de las calaveras de animales muertos
que dejaron en la tierra sus gemidos.
Algo falta en estas colinas rayadas de verde,
y no son los pájaros
ni los ríos, ni los hombres y mujeres que
aún sueñan con arrancarle un trecho a la vida.
Este ciego caminar por los valles horadados
de silencio
muy cerca del misterio que guarda la peña
vestida de sol.

Aquí donde los hombres dormían pendientes de la espiga,
puestos de rodillas para rezar, si el grano no nacía.
Esta peña de rituales que amanece al sol de las fuentes
y se enreda en los bucles del tiempo
como una grieta precursora de alivio
para las madrugadas de llanto y desolación.
Venimos, ¡oh! peña sagrada,
con la ambición irrevocable de imaginar la belleza en la palabra
como sarmiento de vida,
para que todos aquellos que un día se acercaron
con el dolor saliéndole del pecho
obtengan el sagrado premio de la luz.
El poeta mira a la vida y la muestra a los pájaros
para que oficien en el raso del viento una ceremonia luminosa.
Se habrán hecho viejos
los que dejaron la sed en estos valles encantados.
Se habrán hecho viejos
los amanecidos en cualquier sombra de amargura,
se habrán hecho viejos
los que pedían una lluvia para sus campos resecos,
y los que nunca sintieron un cielo vacío en el alma,
y, aun así, los campanarios seguirán colgados del techo
de las aldeas, porque nadie se muere en esta tierra
sin un merecido repique de campanas.

PESADA OSCURIDAD

(Pandemia COVID 2020)

¡Que no pueda la poesía
morirse de esta muerte improvisada!
Que sea la palabra la que anuncie:
llama
y roca
luz y esperanza
sobre estas piedras sin rostro
sobre este rabioso sellado de labios.
¡Que no pueda la poesía
morirse de esta muerte improvisada!
Las ventanas rotas en aplausos eran la señal
de que todo el mundo se abrazaba en el dolor
mientras sus cuerpos eran confinados
en el templo doliente de la incertidumbre.
¡Oh! Nunca el silencio de las bibliotecas
se hizo tan atronador y nunca los ojos
estuvieron tan lejos de la marea de libros,
empolvados, quietos y mudos en las estanterías.
Historias que se amotinan entre cientos de páginas
tatuadas de negro, se tornan inmenso silencio.
Letras que bailan sin pareja
en el recreo obligado de muchos escritores
y los caballos de la tarde dando vueltas a la plaza elíptica
donde asoman millones de manos perfumando la emboscada del dolor.

Se declina el miedo como una maldición bíblica
y el mundo entero
vulnerable,
extraviado,
ve distante la belleza del vivir.

Es poca la luz para tanto dolor.
¿Cómo cerrar la puerta a las flores del mal de Baudelaire
en esta primavera sobrevenida de tragedia?
¿Cómo abrir las ventanas a don Juan Ramón
para que sigamos escuchando a los pájaros
que, según él, nunca dejarían de cantar?
La incertidumbre es una nube apresada en el viento.
¡Que no pueda la poesía morirse
de esta muerte improvisada!

POESÍA Y BÁLSAMO

(A don Antonio González de Lama)

Cada día,
la palabra se adentra cruda
en el fuego de la rotativa,
antes de ser criatura de la calle,
antes de que el lector huela la tinta,
después de saberse libre y sabrosa
como el pan fresco en nuestra lengua.
D. Antonio no tenía color en los ojos
porque en su edificio de gestos amables
se enredaba verde la yedra en dulces promesas
a la espera de otro destino para la sangre.
Era necesario no morir cada mañana en la profunda mina
de la desazón,
de la angustia del hombre.
Creía en la poesía como bálsamo, pues como dice
el poeta Nicanor Parra: «La poesía está ahí
para que el árbol no crezca torcido».
Don Antonio,
epifanía de fervor poético inoculado en esta tierra de su León.
Aún resuena el eco de aquella añorada primavera
que nos dejó la figura de un sacerdote singular,
incómodo entre los hábitos por sus claros de libertad
aunque nada impuro anidaba en su vida religiosa.
En la dentadura de la piedra antigua,
sobre la densa belleza de la catedral gótica
quedan la marca y la hondura de su talento.

Cada día
los pescadores de estrellas fugaces,
tiernas alboradas de aspirantes a poetas,
acudían a su celda de trabajo como juncos temblorosos
para ser instruidos en la luz y el conocimiento
al calor de la palabra.
Don Antonio escribió prosa, verso, mucha crítica literaria
y, sobre todas las cosas, creó pensamiento
desempolvando viejos libros de filosofía
desde Heráclito a Platón, desde Séneca a san Agustín,
Kant, su preferido, Hegel, Kierkegaard, Brentano, Lavelle.
Era público el rito de su andar pausado,
por las calles de una ciudad amurallada y tímida,
con talante apacible y afable
dispuesto a pintar todos los grises de blanco.
A su lado nacieron nuevos y prometedores grupos literarios
que, aprovechando el imán de las corrientes menos puristas,
se volcaron en una poética más humana y profunda.
Con esta semilla sembrada en tierra fértil,
nacen las publicaciones de Espadaña, Claraboya,
y, como si el sol ardiera en la escarcha del amanecer,
nace cada día
la palabra.

POETA EN GRANADA

(A Javier Rueda)

De la percepción de la mirada
nace una geometría de colores
y el lienzo se entrega arrolladoramente al éxtasis de la imaginación,
y las manos en el amor
crean las formas del verso.
De patios habla Granada:
patio de los Cipreses, patio de la Acequia, patio de los Arrayanes.
Arcos y columnas se disputan el sonido de la luz
para llorar entre guitarras.
Patios prohibidos con mirada de pájaro loco,
patios de ojos alargados
y un lejano rumor de sultanes.
Peinador de la Reina,
Granada, mi Granada,
desnudo torso femenino, malvas de fruta
en los lienzos del pintor Javier Rueda,
abajo los pies y la tierra,
arriba el aire y el cielo abierto.
Poética natural,
universo incandescente de colores
sin caos ni tensiones.
El pincel oscilando entre el verde y la sangre,
para armonizar el desorden del fuego
que se eterniza en una textura pictórica atemporal.
Lunas rojas de la noche
vestidas de romance.

Granada, mi Granada,
los patios con ojos negros
el llanto rememorando la agonía nunca esperada,
que ya es memoria:
Lorca canta la nieve en los dos ríos de Granada,
Rueda reverbera la luz con claros de muchacha.
Cuando caía la tarde se desbocaron los caballos,
cuando caía la tarde se burlaron
de su porte y de su sangre.
El óxido de aquella vergüenza duerme
eternamente
en los patios de Granada.

POETAS DE ÁGORA

(Pandemia de la COVID)

En este tiempo de tanta inquietud
abrid puertas a las hojas del bien,
tomad la luz como vuestra,
el sol,
las velas del sueño,
lámparas de lluvia con las que habéis de lavar
el espinoso camino de la soledad.
Hay una barca esperando para llevaros
al mediodía de los que sufren.
Poned en sus ojos
un verso de esperanza,
una noche de flores,
una pluma de palabras
y cantad sobre los arcos nobles del agua
la canción de una tarde enamorada.
¡Que ardan vuestras voces
lejos en la noche!
Que algún pájaro o mariposa dulce
escriba sobre el amarillo de otoño
el verdadero sentir del poema:
que nadie llore en la oscuridad,
que nadie llore en la oscuridad,
poetas de Ágora.

RETRATO II

(Publicado en la antología Pretérito imperfecto)

Mi corazón espera
también, hacia la luz y hacia la vida,
otro milagro de la primavera.
ANTONIO MACHADO

Ya no lloramos la orfandad de la luz
en esta hora de emociones,
porque yo vengo de donde todo nace,
de aquellos hombres y mujeres
que abrían surcos frescos con arados viejos de madera,
que abrían caminos con bellotas deshuesadas en los ojos,
huérfanos de un cielo azul sin más promesas que la espera.
Es la inercia de los últimos esclavos de la tierra.
Ellos son nuestra música de nieve encendida en el alma
y venimos de ellos como viene el viento rodando
entre las piedras de cuarzo que los romanos abandonaron
al extraer el oro del pecho de las montañas
para terminar decorando los prostíbulos de Roma.
¡Oh, el oro de Roma y un pueblo dejado en la espesura de la pobreza!
Volveremos a ellos
guiados por el sol de sus ojos
con la última vena de aceite, donde árbol y raíz
se aúnan en secreto
para escuchar el dolor de la ausencia.

Nunca pensaron morir entre la hierba
devorada por los aires de junio.
El hombre y sus abismos van juntos hacia el final
apretando los dientes hasta vaciarse de angustia
en los tenebrosos días sin lumbre.
Yo recuerdo la naturaleza de aquellos seres
bajo un inmenso cielo de pobreza,
su valentía y arrojo por una pasión sin límites
de sol a sol,
de lumbre a lumbre
con las manos clavadas en tierra,
la herencia de pobres cosechas
y un idioma antiguo cargado a la espalda.
A veces, todo el valor de un hombre consiste en evitar
las hogueras de la ira
para no llenar de lágrimas
las playas de su pequeño paraíso.
Nuestras mujeres y hombres del amor,
los que guardaban la ternura
en los pucheros melancólicos de la noche.
Dicen que todos los andares dejan huella en el camino,
yo busco esa huella que perforó la tierra en tanto silencio
para poner en la lírica de sus vidas transparentes
una manada de recios caballos,
una gorra para encalar en la frente
y un cielo limpio donde poder escribir:
os hemos pensado tanto y, sin embargo,
el color de la ausencia nos persigue.

SEMBLANZA PRIMERA

Escribir de la vida es como volver a pisar
                    los invisibles clavos de la infancia.
Con la ventana abierta entran los pájaros llenos de sol
                         y se evapora la pesada neblina
                         en las estanterías del olvido.
Mi vida fue, por momentos, un sueño de negros y blancos,
                  la rutina de mirar el pasado
                  como una suerte de pasajero
                                    mal comprendido.
No hacen viejo al roble las ramas cansadas
sino la melancolía anocheciendo en su corteza,
                  porque escribir de la vida, del llanto de los trenes en marcha,
                  es como volver a cruzar la península de las voces
a lomos de un potrillo desbocado,
es como buscar la veracidad de los papeles escritos
en el ya lejano universo de la niñez.

Debí nacer como un episodio de luz, poco antes de la madrugada,
al tiempo que
las tías y las madres hacían flores con mi llanto,
y el abuelo
labraba la madera de abedul para los zuecos.
El abuelo era grande y peinaba blanca nieve del Teleno.
El abuelo poseía un rostro de mirada fría
y, en ocasiones, mirada enternecida.
y a mí me contaron
que un día, llegada la hora crepuscular,
los mastines del miedo, cazadores en la oscuridad,

aconsejaban a mi abuelo despedirse de sus nietos,
a los que ya no volvería a ver.
Hubo un cambio de viento por sorpresa
y felizmente ya no se ahogaron las margaritas.
Escribir de la vida
es como cruzar la península de las voces
a lomos de un potrillo desbocado.
Debí nacer con las manos blancas
anclado a la tierra más querida y profunda
donde crecían las flores del bien
hasta llegar a la luz.

SI EL CORAZÓN SANGRA

(A Demetrio, Agustino)
Hay una mesa grande para todos los brazos
y una silla que gira cuando quiero escaparme.
Otro día se acaba y el destino era esto.
MARIO BENEDETTI

No escribas con el corazón, poeta,
pero si sangra,
escribe, escribe,
como si la pena pesara,
como si todo fuera un error.
Tal vez las palabras en forma de río
nos enseñen a remar sobre mares de ausencia,
tal vez se lleven, corriente abajo, las piedras del llanto,
las que juntos hacíamos rodar como burbujas de almidón
sobre el agua de los molinos.
Tenías la pausa de la cigüeña blanca cuando surca los cielos
hasta posarse en tu altar preferido, el «trastero» del P. Demetrio,
el balcón de la memoria donde se compilan los enseres
con las cicatrices grasientas de nuestros antepasados.
No te habrás ido del todo,
hay una esperanza eterna apostada sobre la nieve blanca
donde nunca se marchitan las rosas del olvido.
Te recordaremos como palabra florecida entre las zarzas,
humo blanco para creyentes y no creyentes,
el alma que llenaba de luz
los vientos helados de una tierra
hermosamente pobre,
hermosamente tuya.

SI ME QUEDO DORMIDO

En la quietud de madres inclinadas sobre el abismo.
ANTONIO GAMONEDA

No sé si algún día volveré a ella,
a la tierra primera,
donde se abrieron los portones de la luz,
donde surgió el encuentro con el primer beso.
Si vuelvo,
volveré a ser niño,
memoria de la hierba en horas de pobreza.
No queda ya vino en las hojas de otoño
ni una luna llena que me lleve a otros mares.

Si me quedo dormido
volveré a ser niño
y amasaré los sueños
en artesas de algún horno abandonado.
Mis ojos, lo recuerdo,
eran clavos de agua en los rostros amados.
Mis ojos cantando la sonoridad de la piedra
en los arroyos blancos.
Mis labios dando nombre al azul de un cielo lejano.

La luz de la memoria proyecta un paisaje de nieve
sobre la frente de la mujer morena de centeno.

Cómo suenan aquellas madres
con el rojo del llanto a la altura del pecho,
con el pulso de la vida en el océano de sus ojos.
Eran ellas, que parían estrofas de vida
en la vaguada oscura de la noche
muy cerca de las estrellas;
madres del barro,
de carretes de hilo,
de abriles sin luna,
de blanco en las fiestas,
de luto en los duelos.
No sé si algún día volveré a la tierra primera
y si vuelvo
y si me quedo dormido,
sin hostigar mis ojos,
despertadme de la forma más pura
con una madre de aquellas.

SIRIA Y LOS VIOLINES

Una mujer corría.
Jadeaba y corría.
Tropezaba y corría.
Con un miedo macizo debajo de las cejas
y un niño entre los brazos.
ÁNGELA FIGUERA AYMERICH

Alguien está vomitando
y no nos dicen nada.
De las bocas sin pan y sin lunas,
de las aldeas sin estrellas,
de los perros que buscan en la jungla del asfalto
el llanto,
el grito,
el sollozo de un niño,
tal vez el último.
De los cuerpos apresados en el vientre de una tierra enferma
no nos dicen nada.
De los seres indefensos, aunque nunca rendidos,
que impasibles ven inmolarse el vapor de la esperanza
en los descampados,
nada nos dicen.
Es la metáfora de un tiempo de sombras,
el renacido dolor sin salidas de emergencia.
Anda la muerte suelta por las calles
y la noche es un grito de lenguas sin voz.
No le pidáis al niño que dibuje una estrella en la arena,
solo conoce el rumor del relámpago hostil,

el grito de las víctimas
en aldeas sin madrugada.
Hay un temblor de sangre,
extendida,
inocente,
entre muñecas ahogadas.
Hay una guerra en la sombra
cobrándose el precio de la vida.
¿Dónde están todos los ojos del mundo,
faltos de piedad en los rostros señalados?
Dicen que los pájaros se vuelven de costado
                    al paso de las banderas,
que la música es triste en los brazos del dolor
y que los niños preguntan ¿mami, adónde vamos?
                    y algunos niños mueren de pie
y algunos ancianos no mueren de viejos.
Como le diría León Felipe a Dante
en un imaginario diálogo sobre el infierno de Auschwitz:
                    «¡Mira! Éste es un lugar donde no se puede tocar el violín.
                         Aquí se rompen las cuerdas de todos
                              los violines del mundo».

TAN SOLO LA LUZ

La definición de la luz no es exacta
y anochece el tiempo que nunca regresa.
No hay un lenguaje para describir la belleza de la sabiduría
que se siente pequeña.
Hemos caminado mucho tiempo en dirección inversa a la verdad.
Son los bosques habitados de brumas y maleza
como una música de hojas amarillas sin partitura,
donde solo llueve soledad y desencanto.
¿Por qué ha de haber siempre una suerte de indecisión
al inicio de cualquier locura?
No basta decir que un día lloré abrazado a la raíz
de aquel árbol donde crecían anchos frutos
junto a mis antepasados
y que todo se entendía como una acción de gracias,
de saberme vivo.
No basta haber sorteado la incómoda sensación
de una adolescencia en llamas. Al final siempre queda
un corazón enredado en la lluvia lenta del destino.
He sobrevivido a demasiados inviernos
madurando en la resina callada de la memoria,
junto a viejos retratos.
He sentido nostalgia de la luz
y ahora pido para mi corazón
la única lectura de la verdad,
tan solo la luz.

TE BUSQUÉ

Dice la razón:
busquemos la verdad.
ANTONIO MACHADO

Con la misma intensidad del pastor
cuando alerta a sus mastines de la llegada inminente del lobo.
Como el viento que agita las lenguas del valle
haciendo crujir la semilla enferma,
como la llegada al mundo de algún prodigio nunca esperado,
como el alba silenciosa que rompe la oscuridad de la noche,
así te busqué.
Te busqué entre los relojes moribundos que arenan el tiempo,
entre la voz ausente de las estatuas,
conciencia de silencio eterno,
yo te busqué.
Apenas la urgencia del llanto entre las manos,
aprendí que después de una lluvia tardía
el amor se serena
y los fantasmas se alejan.
Te busqué en todo tiempo pasado,
cuando el hombre sin entrañas
dejaba los cuchillos al fuego y señalaba
la cerradura de la puerta más débil.
Los filósofos griegos te decían hermana de la libertad.
¡Ay!, si yo hubiera sabido que tú eras la luz,
si lo hubiera sabido,
te habría esperado a los pies de la metáfora más bella,
porque solo en ti, en ti misma,

en la VERDAD perdurable se protege el equipaje de aquellos
que sufren golpes de sangre a destiempo.
¡Oh, siempre maltratada flor de la verdad!
que mis pájaros te acunen en los nichos del viento,
que los poetas recuperen la palabra encendida,
que se tiñan las paredes de versos
y que en la tierra fértil germine la semilla
donde ha de surgir sobre las ruinas del tiempo
el hombre nuevo
para sentarse a tu lado.
¡La verdad, solo la verdad!

TEMBLOR Y LLANTO

El paño de ganchillo de dos colores.
El ovillo de hilo blanco se lo llevó la abuela.
El de color azul se lo llevaré yo.
FRANCISCO VELASCO

Y algunos lloraron
cuando el rabel enmudeció.
Cuando el rabel se hizo muerte de mármol
los pájaros dejaron de cantar.
Con el vino salvaje del veneno dormido
se destensaron los pentagramas,
pero tú has vuelto, Paco, desde los valles de luz
para iluminar esta áspera ausencia que duele.
El rabel se calló
y en el jardín de la vida
donde creabas la música del pueblo
las campanas entonaron la oración del silencio.

Se derramó tanto llanto en la meseta
que los patios se llenaron de lágrimas.
¿En qué momento los ojos de la noche
brillaron al posarse en el fuego?
cuando aún tus manos podían remover la ternura
en las afinadas cuerdas del rabel.
Es verdad
que el rizo de la herida ya se sentaba en tu mesa con rabia.
Se calló el rabel.

Fue el silencio quien trazó la frontera al páramo de niebla
y al grito de libertad,
tus manos
enlutaron la madera.
Que ya solo escuchamos el viento que ruge,
que ya estamos asomados a la ventana
para ver pasar a hombros de la muchedumbre
las últimas notas escritas por un poeta de bien.
Se calló el rabel.

TEMPRANA LEYENDA DEL DOLOR

No, no, decidme
por qué no canto ya como cantaba.
Lentamente he llegado a hacerme triste.
LUIS LÓPEZ ANGLADA

Fue temprana la leyenda del dolor,
y fue duro esquivar los colmillos de la bestia
que en forma de pacífica armadura
se adentraba en lo más íntimo de mi piel.
Es cierto,
nuestros orígenes están en el légamo amarillo,
en amargas melodías a la intemperie,
en el color del miedo, porque el sol llegaba tarde
si llegaba,
porque las aves tristes y la pena
crecían en el mismo jarrón.
Es cierto que la fortuna era una apuesta envenenada,
tantas veces como quise probar el éxito fácil,
soñar y escalar las cimas más altas,
pero, poco a poco, iba perdiendo la templanza
con el ruido de las últimas hojas dormidas en el suelo de otoño.
Es cierto,
es cierto mi temprana leyenda del dolor
pero no quiero lastrar la serenidad de este paisaje otoñal de la vida,
no y no más insurrecciones,
me ataré al madero del amor, la única verdad,
y, si he de abandonar, que sea escribiendo un poema

sobre el color de los ojos de mis seres amados,
que intuyo
nunca más volverán al jardín de la casa.

TIEMPO DE VENCEJOS

(Poesía para Vencejos 2017)

Un caminar de río que se curva.
OCTAVIO PAZ

Yo sentí la huella que dejan los huesos
en una de esas noches volcánicas
en las que los sueños juegan con la frivolidad
de espíritus revividos.
Ni siquiera los perros se pronuncian en su turno de urgencias.
Me veo asomado al balcón con la voz quebrada
y el pecho abierto al bálsamo de la luz
porque hasta el despuntar de los primeros rayos de sol
una niebla con babuchas envuelve mi perezosa figura
y los vencejos me llevan por sus carreteras-pentagrama
donde se escucha la mejor música del viento.
Sí, los vencejos buscan claridad en otras latitudes
porque saben que, a ras de suelo, mueren las horas
y mueren las flores más débiles.
Puede que ellos sean ángeles negros
batiendo lenguas de musgo,
puede que tengan su propio idioma en las celdas del aire
para hablar con los dioses.
Viajan las heridas en la memoria
sazonadas por un poso de tristeza,
es el sagrado eco de lo tierno.
Yo quería salvarme invocando a Perseo,
volar y volar
volar y volar

desde el aire a las montañas para unirme a los otros,
porque la soledad es como un bosque calcinado,
una lágrima seca caída sobre un patio baldío,
y duele, duele la soledad
cuando se sienta contigo a la mesa.
Qué difícil la vida
si te persigue el cansancio antes o después de la lluvia.
Hay una nieve fría en el rellano de los labios,
hay pérdidas como agujas clavadas en la frente,
pero una vez más los vencejos
en sus viajes relámpago vuelven para dejarme a salvo
en este suculento atardecer de música y misterio.

***

En tanto deslumbramiento pido
que nazcan vuestros ojos a la magia de este escenario,
ensueño de arquitectura medieval
imaginado por el profesor y poeta Felipe Pérez Pollán,
piedra y argamasa
donde, a veces,
llueven pájaros antiguos.
Nada hay más hermoso que hacer equilibrios con la palabra,
vivir la sangre tan cerca, corazón a corazón,
verso a verso, tornarse fuego, tambor de llamada,
para que siempre nos una la emoción y la belleza
del sentir poético.

TOÑO MORALA

El poeta del pueblo

«La mirada es la única forma de posesión completa», decía Francisco Umbral. Y eso es lo que, de manera muy cruel, nos han arrebatado: la mirada de Toño Morala.

Él, que atesoraba los más hondos valores como ser humano.

Nosotros, sus amigos, sumergidos en una pesadilla que no teníamos anotada en la agenda más próxima.

Lo dejó escrito: «Mis amigos son de carne y hueso».

El primer día que asistí al Ágora de la Poesía, quedé fascinado por el *modus* gestual de Toño. La lucidez y naturalidad con la que se movía en este plató lírico del Hostal de San Marcos, prescindiendo de cualquier envoltura innecesaria para la mecánica del evento.

Con el tiempo comprendí que las palabras le brotaban solas, desde un corazón moldeado en elemental arcilla: la pasión de vivir, la pasión de entregarse transmutado en eucaristía.

Pronto tuve la sospecha de que, delante de mí, tenía a alguien con una dimensión humana poco común, con el olor fecundo de la poesía.

Su atuendo exterior completa el mapa de la sencillez que lo identificaba; y así, lo veíamos danzando a los pies de la lluvia, con sus características playeras.

La visera encastrada, señal de quien se reconoce hijo del campo, hermano de la tierra.

Al aire la camisa de cuadros, para cimentar los sueños de libertad, y la perilla colgada del labio inferior como una maceta de surfinias perennes.

Las lentes en busca de un sitio donde acomodarse.

¡Ah! Y los abrazos: no bastaba un simple apretón de manos para el saludo, Toño solicitaba interacción, pedía el abrazo, el roce, el calor de los cuerpos: «Dame un abrazo largo, amigo».

UNA NOCHE DE MOLINO

Aquellas noches de molino,
aquellas quilmas de centeno.
El niño que era
se entretiene con el tiritar
de las hojas del silencio,
y ya no es el silencio,
es la hierba dormida sobre la música del agua
que baja por un río de heridas
a desembocar en otro mar.
Los bueyes, al raso,
rumiando el cansancio de la espera,
luciérnagas,
lobos cerca de la puerta
y el junco que lava sus pies en el río
donde una serpiente duerme
atrapada junto a un espino verde.
¡Aquellas quilmas de centeno!
Un niño sentado en el suelo,
ojos enharinados,
escucha el silbido del viento
y ve con el peso de la inocencia
una luna caída en mitad de la pradera.
En el molino es todo blanco,
blancas las paredes de harina blanca.
Hay caballos de sal cabalgando
en un laberinto enredado entre el musgo,
mientras el oro de la espiga rota

desciende del trono de madera
hasta la volandera.
Mi padre me enseñaba la gramática elemental,
que consistía en hacer de la tierra un salmo de pan,
me enseñaba a parcelar el vacío
en vísperas del hambre
y a tener siempre en las manos
el hacha de la verdad.
Se acerca un viento con su llanto
y ya el niño espera
el primer suspiro del alba
que la noche le ocultaba.
¡Aquellas noches de molino!
¡Aquellas quilmas de centeno!

UNA SOMBRA EN EL ORIGEN

(Poema incluido en antología Árbol de Alejandra)

He dado el salto de mí al alba.
He dejado mi cuerpo junto a la luz
y he cantado la tristeza de lo que nace.
ALEJANDRA PIZARNIK

Todo pasa por una mañana soleada de otoño,
en la que arribé
desde las heladas aldeas del desamparo
a mi primer Nueva York en la memoria.
Allí fui tocado por la belleza de extraños decorados
que prometían cambiar el exceso de frío,
acallar el pulmón de los fantasmas,
que las hojas del mal,
que la niñez y el fuego.
Llegan mis labios queriendo dar nombre al vacío del miedo.
Atrás quedaba el párpado doliente de las madres,
nidos yermos de esperanza,
y también vi con mis propios ojos
la forma en que brillaba la pobreza.
Venía de aquel paraíso elemental donde era necesario un baño de escarcha
para llevar los amores al alba,
mirar al cielo y agrupar las nubes en el pecho.
Llegaba yo con mis manos enrojecidas, vestidas de infancia,
desde las montañas nacidas en la tierra primera
con sus rocas de mañanas plateadas.
Al pisar la piedra milenaria en la plaza de los maragatos

tantas veces cantada en los versos de Leopoldo Panero,
mi padre y yo, bajo el toldo de un cielo diáfano,
nos mirábamos en el infinito del alma,
como si alguien hubiera escrito un epigrama triste en nuestras frentes.
¡Ay, padre!, que tú eres un hombre fuerte,
y yo
solo la hierba en construcción, potro asustado y vulnerable,
no me dejes en esta pesadumbre que duele hacia adentro.
No me abandones, padre, en esta selva de sangre,
en la que una luz difusa nos disgrega.
Hubo un silencio de muerte oxidada antes del último abrazo,
luego vi a mi padre alejarse agitando en el aire sus manos gastadas
por el temblor de los arados y los pronombres de la lluvia.
Caminaba despacio arrastrando sus pies.
¡Ay, padre! ¡Cómo te pesa la vida!
Aquella sombra alargada, ocupando el asfalto,
me persiguió en todas las ausencias y para siempre supe
que detrás de una sombra hay otra sombra,
como detrás de una piedra hay otra piedra.
La indolencia del mundo y sus sombras
creadas por el llanto de los pueblos anónimos.
¡Ay!, la sombra de las sombras de las mariposas disfrazadas
de dioses sobre Birkenau. La sombra del niño que danza en la luz.
Tú, roble de raíz luminosa,
tú, que nunca habías ensayado una forma para morir,
me sentirás perpetuado en aquella sombra eterna
con la luz de tu nombre.
Yo lloré hasta que mis ojos llenaron de lágrimas
los mares de la infancia.

VERSOS PARA EL HIJO

Todo lo que me llueve de ti, hijo,
es motivo de felicidad.
Verás amanecer,
            siempre amanecer.
Tu mirada posada en la mía
me descubre los colores del mar
y en el vapor de aquellas olas
        trenzamos juntos los sueños.
Mis pies curtidos en la maleza
te ayudarán a cruzar los charcos
        y a solventar los miedos
        en el espeso reino de la vida.
Cada día tendrás ropa nueva
y flores delante de ti.
Cuando la luz falte, te veré con los ojos abiertos,
y siempre sabré
que eres tú quien me espera.
Mira
        la curvatura de mis manos:
        te aprietan al pecho,
        te aprietan al mundo,
y si el frío se adentra en tus huesos,
encenderé fuego con la resina del alma.

ERES PARA MÍ

la cuerda segura a la que asirme,
cuerda y roca,
el vidrio en el que mis ojos se queman.

VIAJE CON LA PALABRA

Son aquellos sabores
que impregnaron mi corta estatura
de una luz reveladora
sobre las verdes laderas de la infancia.
El brezo crecía abierto a llamativos colores
obediente al lenguaje de nuestros antepasados
y yo me sentía como un principio nuevo
hijo de la mora y la bellota
sorprendido por la docilidad de los ganados en la majada.
Son ellos
los días y las horas que amanecen como racimos de luz
en la sagrada tarea de esparcir esperanza
hasta hacerse fuego en el silo de la memoria,
allí donde las carpetas de la vida
ubican la crueldad de todas las cicatrices.
Fueron ellos
los que curaban mis heridas de soledad,
la soledad que a veces no sangra,
pero es presagio de amaneceres en vela.
Hay un instante en que todo cambia
al dar nombre a una luz nueva para que nunca jamás
la escarcha se hospede en los rincones circulares del alma.
En ese instante de espera silenciosa
recuerdo que fueron ellos, los Bécquer,
Machado o García Lorca, mis faros de luz
en el viaje con la palabra.

VIEJO RETRATO CON NIÑO

Arcano mundo en los sotos de la memoria.
Latido humano que me llega en forma de lenguaje gráfico,
por eso amo esta mirada de piedra cansada, arco y paloma
como la lírica de un lugar de zarzas y chopos quebrados
donde no siempre era dulce ver amanecer.
Aquellos hombres y mujeres vaciaban de tristeza los ojos
para ver de frente las batallas
como hacían cada noche en la certidumbre de que todos los caminos
resucitaban en la sangre de sus pisadas.
Labradores de sol, pastores de vientos invernales,
que atesoran en sus rostros la belleza de lo simple,
pues hay en el reverso de lo simple un código no escrito:
plantar cara a la miseria con los tesoros del alma.
Nunca subían a las montañas más altas a predicar
la injusticia de la tierra negra, no,
yo solo los vi llorar cuando las campanas tocaban a duelo
y en el tiemblo
su corazón de hierro reblandecía.
¡Los inviernos del alma nunca se van del todo!
Delante, en el viejo retrato, hay niños
como pequeñas velas recién encendidas,
cuya luz desvelará los sueños del futuro.
Qué misterio escondía el hambre de las manos,
el vuelo de las manos
al empuñar un exhausto arado
con el que abrir el surco anónimo de la tierra
y dejar que la lluvia despertara un pan de centeno.
Yo soy uno de aquellos

que vivieron la geometría de los ojos quemados
detrás de la niebla,
los que renacíamos cada día al canto del gallo
buscando la pulpa de luz entre la escarcha.

¡No hay venganza más allá de la memoria
ni amargura por haberlo vivido!

VÍSTETE DE SOÑADOR

La luz hace del muro indiferente
un espectral teatro de reflejos.
OCTAVIO PAZ

Sal al encuentro de todo lo que brote tierno
en tu corazón. Como ver una flor despierta
cuando se avista el amanecer. O como dar un beso a la madre,
herido de amor, antes de que llegue la helada.
Verdes alamedas habitaron en tu pensamiento
y ahora te toca
crecer en la tiniebla sórdida de una larga noche, la noche
que tiene una música distinta, de rayo y de luz, para que
amanezcas renacido en los cauces de un leteo en llamas.
Bien quisiera que tus propósitos se cumplieran,
que la resina que arde en la espesura del inconsciente
fuera la revelación de una paz infinita de nieve.
Volverás a por agua a las fuentes de la infancia.
Que el sol no queme los trigales donde esperas encontrar
la espiga de tus sueños, el fin de las lamentaciones.
Sé que las horas de soledad tienen un coste muy alto,
pero también sé de la resistencia de los puentes bien construidos
por los que has de pasar, aunque sea descalzo, a la ansiada
orilla de la luz.
Cuando las sombras se prolongan en el tiempo
nos queda como única alternativa inventar otro cielo
para dar calor a nuestra tierra.
Ojalá nunca aflore la soledad humana
entre los invitados a esta fiesta de la palabra poética.

No te quedes quieto en mitad del desierto y déjate nacer
en la hoguera dorada de la esperanza,
pues todo lo valioso para expresar tus sentimientos
avivará la brasa de amistad en aquellos que,
en algún momento,
te amaron de verdad.
Si fueras pan,
los trigales se llenarían de sol.
Si fueras mar,
las gaviotas irían a tu encuentro
para enseñarte a volar.

VOLVERÁS CON LA LLUVIA

(A Venancio Iglesias)

Hoy me pesa esta primavera gris,
hoy me pesa tanta desarmonía revelada,
aunque, en el fondo, me habita la esperanza.
Hablo del permanente litigio de luz y sombra,
la luz que quiere ser luz,
y la sombra que no es sombra sin la luz,
pero todo tiene su tiempo y pronto
las campanas
volverán a la torre como palomas azules
para dar sentido a la vida
cuando en la tarde regrese la lluvia.
Volverán las palabras limpias de esquirlas
para que puedas armar el poema
donde se oigan las espuelas de un nuevo amanecer.

YO ABRAZO

Me dio un abrazo corto pero intenso.
LUIS ALBERTO DE CUENCA

Yo abrazo la vida,
la primera luz del día
iluminando el cuerpo de los amantes al sortear la claraboya.
Abrazo las tardes de incertidumbre con la sangre encaramada a los ojos.
Yo abrazo a los que están conmigo, a quienes nunca estuvieron
y a los que alguna vez me abandonaron.
Abrazo a los que surgen de las tinieblas y la injusticia.
Abrazo mi tiempo primero, tiempo de infancia escalando cobertizos
de paja; las chicas llevaban lunas de té en la falda plisada y en hora
crepuscular la sed de los cuerpos rompía la inocencia.
Abrazo los retratos que la historia me fue colgando en la frente.
Abrazo a las madres resistentes al calor de los termómetros,
todo el peso de la vida en sus pechos.
Yo abrazo la semilla caída en tierra reseca, que los hombres de otro
tiempo mimaban hasta ser espiga, grano y pan en la mesa del pobre.
Abrazo la sonrisa sobre las cicatrices del mendigo y su mirada agradecida:
aquel día ya no se llamará hambre o tristeza.
Llora la campana mientras la verdad se pudre
en las esquinas.
El olvidado lleva la derrota en los ojos.
Yo abrazo en el dolor a los hijos de la sombra, que han visto despeñarse
por oscuros acantilados los sueños más limpios,
se quedan sin mundo, se quedan sin nombre para preguntar por un beso.

Abrazo a la nube que riega el olvido en las cunetas donde seguirán naciendo flores cada primavera.
Yo abrazo a los que conmigo estuvieran cerca del último sorbo; sus caricias regarán el ciprés que ha de proporcionar sombra a mi sombra.
Abrazo a los poetas que cuelgan metáforas en la frente de prestidigitadores, lágrimas en los cuarteles del hambre y en las nubes de fresa anudan pajaritas de papel.
A los inventores de palabras, por versar la tierra, el fuego y la luz.
A los hacedores de versos que, en su última estrofa,
buscan un amanecer que nunca llega; imitando a Juan Ramón:
«me voy,
pero los pájaros seguirán cantando»,
a ellos los abrazo,
con la tinta roja de mis venas.

ÍNDICE

PRÓLOGO 11

A LO LARGO DE LA VIDA 17

A VER EL MAR 19

ABIERTO AL PASADO 20

ACASO LA LLUVIA IMPOSIBLE 22

AGUA Y TIERRA 25

AL FINAL DEL CAMINO 26

AL MAR NO LE DIGAS NADA 28

AMA, POEMA 29

AMANECE 30

AMELIE 32

AQUELLA TARDE 34

ARDE LA NIEVE 36

ASÍ SON MIS DÍAS 37

AVELINO 39

BLUES DE LA FÁBULA NEGRA 40

A CAMINANTE 45

CAMINO 46

CAMINOS DEL MONTE 47

CANTO A LA TIERRA 49

CASA VERDE 50

CEMENTERIOS DE CARTÓN 52

CIUDAD AGONIZANTE 54

COLLIOURE 55

CONFORMIDAD 56

CUANDO ÉRAMOS NIÑOS 57

CUMPLE DAVID CASTRO CARRACEDO 59

CUMPLE EDU ... 60
DE OTRO TIEMPO ... 61
DE TODO LO VIVIDO ... 63
DEL AMOR ... 65
DEL OLVIDO ... 66
DIÁLOGOS DE INVIERNO ... 68
DONDE DUERME LA BELLEZA ... 70
DUELO EN JAPÓN ... 72
CUMPLE EDU (40) ... 73
EL AMOR ESTÁ CERCA ... 74
EL ANHELO DE SER OTRO ... 76
ELOGIO DEL ROBLE ... 78
EMIGRACIÓN ... 79
ENFERMERÍA ... 81
ENSAYO DE MÍ MISMO ... 83
ESA LUZ DISTANTE ... 84
ESPERANDO LA LLUVIA ... 85
ESPIRAL DE MELANCOLÍA ... 87
ESCRITO EN LA PIEDRA ... 88
ESTAS SON VUESTRAS MANOS ... 90
ESTIGMA DEL HAMBRE ... 92
EXTENSIÓN DEL ENCUENTRO ... 94
FUGACIDAD ... 95
GRITAR ... 97
HERIDAS QUE DUELEN O NO DUELEN ... 98
HORIZONTES DE PIEDRA / ALEPO ... 99
HOY NO TRAIGO SÍLABAS TRISTES ... 101
LA CASA ILUMINADA ... 103
LA HIJA DE PAUL ... 106
LA INCERTIDUMBRE QUE NOS HABITA ... 108

LA MADRE 111
LA MONTAÑA Y LA PIEDRA 113
LA NIEVE 115
LA PALABRA 116
LA ROCA EN LLAMAS 117
LABIOS EN FLOR 118
LLANTO EN MARIÚPOL 119
LOS CORREDORES DE LA MEMORIA 121
LOS INVIERNOS 122
LOS LIBROS 123
LOS NIÑOS Y LOS POETAS 125
LOS OJOS DEL HAMBRE 128
LUGAR COMÚN DE LA PALABRA 129
MADRE SARA 130
MAR EN LLAMAS 131
MERCADOS DEL PUEBLO 133
MIS OTROS 135
MOHSEN EMADI 136
CAMINO DE ÍTACA 138
NECESITO ESTAR SOLO 140
NOCTURNO DE POZOS 142
OLA DE VERSOS 143
ÓPTIMA LUZ 145
PEÑA DE LA FORTUNA 146
PESADA OSCURIDAD 148
POESÍA Y BÁLSAMO 150
POETA EN GRANADA 152
POETAS DE ÁGORA 154
RETRATO II 155
SEMBLANZA PRIMERA 157

SI EL CORAZÓN SANGRA 159
SI ME QUEDO DORMIDO 160
SIRIA Y LOS VIOLINES 162
TAN SOLO LA LUZ 164
TE BUSQUÉ 165
TEMBLOR Y LLANTO 167
TEMPRANA LEYENDA DEL DOLOR 169
TIEMPO DE VENCEJOS 171
TOÑO MORALA 173
UNA NOCHE DE MOLINO 175
UNA SOMBRA EN EL ORIGEN 177
VERSOS PARA EL HIJO 179
ERES PARA MÍ 180
VIAJE CON LA PALABRA 181
VIEJO RETRATO CON NIÑO 182
VÍSTETE DE SOÑADOR 184
VOLVERÁS CON LA LLUVIA 186
YO ABRAZO 187

Este libro se terminó de editar en Granada
en abril de 2025 por

Aliarediciones

www.aliarediciones.es
info@aliarediciones.es